ADDICT

MARIE DE NOAILLES
avec
ÉMILIE LANEZ

ADDICT

BERNARD GRASSET
PARIS

Photo de la jaquette : JF Paga © Grasset, 2016.

ISBN 978-2-246-85780-8

« Nous avons tous les jours l'habitude de voir
Cette route si simple et si souvent suivie,
Et pourtant quelque chose est changé dans la vie,
Nous n'aurons plus jamais notre âme de ce soir[1]. »

ANNA DE NOAILLES

1. « Il fera longtemps clair ce soir » in *Le Cœur innombrable,* Anna de Noailles, Paris, Calmann-Lévy, 1901.

Le 8 mai 1975, je vois le jour, moi, Marie Alicia Eugénie Charlotte Blandine, seconde fille du duc et de la duchesse de Noailles. Trente ans plus tard, je choisis la vie. Je m'arrache à l'alcool, à l'herbe, à la cocaïne, à ces dépendances qui, depuis quinze ans, me possèdent et me consument. À moi la libération.

Le 29 mars, date de mon retour parmi les vivants, où que je sois, je m'agenouille et je prie Dieu, dont je ne suis pas sûre de connaître le nom. Je m'appelle Marie, j'ai deux anniversaires et une seule vie. Que j'ai failli perdre et choisi de sauver. Je suis née deux fois.

Les tiroirs du secrétaire sont fermés à clé. Ceux de la commode dans l'entrée aussi. L'est également l'armoire dans la chambre de ma mère, sa table de nuit, sa table-bouillotte, et, dernier espoir, la serrure du placard à alcools. Il va falloir mieux chercher. Je furète, je soulève, je déplace et je tends l'oreille. Évitons de croiser la gouvernante. La clé de la cave à vins n'est pas dans cette boîte, ni sous ce vase. Dans une des poches de leurs manteaux, peut-être ? Je dois me dépêcher, mon frère va rentrer de l'école et il voudra que nous prenions le goûter ensemble. J'ai terriblement mal à la tête, ma langue est sèche et mes yeux piquent. Pourquoi la lumière transporte-t-elle ces minuscules grains de sable ? Mon reflet dans le miroir du vestibule. Je m'examine. Longs cheveux blonds, yeux caves, hanches saillantes et mine farouche ; une alcoolique en Chanel. Je ne me souris pas, je n'ai pas de raison de m'être aimable, je fuis depuis si longtemps ma compagnie. C'est drôle parce que, en m'observant ainsi, je me dis que je pourrais me duper, croire que je suis ce à quoi je ressemble : une jolie jeune fille gâtée. L'angoisse qui me grignote le cœur, ce vide ne se laisse pas deviner.

Je voudrais qu'on m'admire, qu'on m'aime et surtout qu'on me le dise. Je ne reçois jamais ce à quoi j'aspire. J'ai si peur. J'ai quinze ans. Pour que ce monde, qui me déçoit tant, cesse de m'écorcher l'âme, je me déguise, je mens, je bois, je fume. Légère, drôle, affranchie, on me flatte, on m'entoure, on me sollicite. Je prends ces élans pour de l'amour, je ne vis que quand je me perds.

Je détourne la tête. La clé est peut-être dans ce vide-poche. Fausse piste. Je tire sur ma jupe. Demi-tour devant le miroir. Je suis svelte, ce rose ancien me sied. Ma mère me prête ses vêtements, elle tient à ce que ses filles soient impeccables. Comme elle. Droites, élégantes, souriantes, des filles de – très – bonne famille. Chez nous, on se tient. Même quand on est conduits à l'échafaud.

Hier, mon père a cherché le lecteur CD qu'il venait d'acheter à Hong-Kong, j'ai senti qu'il me pensait coupable. Dès qu'un objet disparaît dans cette maison, mes parents me soupçonnent.

Pourtant, je ne leur vole rien. Hormis de temps en temps des billets dans la liasse que mon père conserve dans son portefeuille, des chèques aussi parfois. Il ne l'a jamais remarqué. Où est cette saloperie de clé ? L'heure tourne. Mes mains tremblent, mes jambes lâchent prise, je veux boire, je dois boire. Je secoue la serrure du placard à alcools. Rien n'y fait. Je descendrai m'acheter une bouteille. Il doit me rester du fric.

Déjà, cela va mieux. C'est simple de se sentir bien, je ne comprends pas qu'ils fassent un tel cirque avec cette histoire, comme si ces quelques gorgées qui m'apaisent pouvaient les déranger. J'ai arrêté l'herbe, mes parents devraient être rassurés, car les joints, ça c'est risqué, il faut trouver des dealers dans des quartiers pas clairs, fricoter avec des intermédiaires. Tandis que l'alcool, aucun danger. Je les observe eux, avec leurs liqueurs, leurs flacons de cristal, leurs verres à pied. Ils ont ce droit et me l'interdisent. Je n'ai plus envie de m'énerver, mes bras sont souples, mes jambes agiles. Je virevolte devant la glace. Je suis heureuse. J'entends des pas. Ma mère ouvre la porte, elle pose son sac à main. Dans son regard, une tendre inquiétude, soupçonneuse. Elle m'embrasse. « Marie, ma chérie, tu ne sais pas où est ma chaîne, celle que je porte avec les médailles, je ne la trouve plus, j'ai pourtant cherché partout. Tu vois à laquelle je pense ? » Elle m'observe. Quelques secondes de trop. Je n'ai pas volé ses bijoux, jamais je ne ferai quelque chose d'aussi grave. « Je ne sais pas, Maman. Je vois la chaîne dont tu parles, mais je ne sais pas. » Je pars vers ma chambre. Je ferme la porte. Je prends une gorgée, vite une deuxième. Tout à l'heure, je retrouverai mes amis. Je prendrai leurs cachets magiques, ces quelques grammes qui font danser les humeurs. Marie, la fête. Marie danse, séduit, amuse. Marie de Noailles. Toujours de la partie. Une chance qu'elle soit là ce soir. Demain, elle sera à Londres, Bruxelles, New York, ou Cape Town. Oui, elle prend des trucs, mais rien de méchant. Si gaie, Marie.

Ma mère a retrouvé sa chaîne et ses médailles, enfouies entre des coussins, et son soulagement m'agace. Elle se réjouit tellement que je ne sois pas coupable, que je mesure combien elle l'a sérieusement envisagé. J'aimerais l'embrasser sur le front, j'attrape mon manteau, mon sac. « Maman, je t'ai emprunté ces chaussures-là, ça ne te dérange pas ? Oui, oui, ne t'inquiète pas. Je prendrai un taxi. » J'aime ma maman qui doute de moi. Je voudrais ne pas lui faire de peine.

C'est allé si vite. L'été dernier, celui de mes quatorze ans. Henriette, cette chère amie de la famille, m'a invitée à Ibiza, avec son fils et deux de ses copains. Sa maison est splendide ; une bâtisse plate, posée sur le rocher, surplombant une crique. Beaucoup de chambres, une terrasse ombragée. Tout est silencieux, minéral, tendu vers une mer turquoise. En remontant une piste sableuse, unique route de cette presqu'île, on atteint la maison voisine des C., dont le fils a notre âge. Il nous rejoint pour jouer. Chaussés d'espadrilles, nous descendons jusqu'à la plage. Nous nous baignons, étendus sur les rochers brûlants, nous bavardons, lisons un peu et fumons des cigarettes avant qu'Henriette ne nous rejoigne. Lorsque le soleil s'éloigne, soûlés de lumière, de sel et de vagues, nous remontons jusqu'à la maison à travers la garrigue. Ce soir, nous jouerons aux cartes. Dans sa Méhari verte, Henriette est sortie faire des courses au village. Après la douche, nous aurons le temps de prendre un peu d'herbe. J'en ai apporté, les garçons adorent. Ils ne connaissaient pas, nous la partageons. Premier été à Ibiza. Été sauvage, le dernier.

Douze mois sont passés et j'ai quinze ans désormais. Henriette m'a conviée de nouveau. Je me réjouis de retrouver la crique, mes amis et ces buissons secs dont les épines égratignent nos chevilles. Nos vacances en suspension. Je retrouve ma chambre, la table en rotin où je suspendais mes bikinis l'an passé, la terrasse, la vue qui s'égare au-delà des pins. C'est étrange, bien que rien n'ait bougé, tout me paraît terni, morne. À trente minutes de la maison, fanfaronne Adam, le fils d'Henriette, il y a ici des boîtes de nuit que vous n'imaginez même pas, des trucs oufs, totalement barrés, ils teufent sur la plage sans jamais dormir, ils sont dingues et dansent nus, c'est dément. Quelques mots chuchotés et voici que les rochers nous ennuient, la plage nous indiffère, la mer paraît sombre, même le soleil a perdu de sa chaleur. Nous nous persuadons d'être appelés. Un aimant noir, dont nous ne soupçonnions pas l'existence l'été précédent, devient l'objet de toutes nos curiosités. Un soir, alors qu'Henriette s'est couchée, Adam pique les clés de la Méhari verte.

Des centaines de corps bronzés et fébriles. L'air colle. Nous avançons dans une marée de bras ouverts et de baisers s'éparpillant sur nos peaux tièdes. Nous dansons. Nos cœurs battent au rythme des basses, nos têtes se balancent, se cognent, se vident. Je transpire, mal à l'aise. Si les parents me voyaient. Danser pieds nus… Un type m'offre son verre. Trois gorgées sucrées et mon sang fouetté circule plus vite, je ris, j'enlève mon pantalon, je suis en bikini. Encore quelques gorgées. Il me tend la paume de sa main, des petits cachets. Un rose en forme de losange et ce tout petit, bleu turquoise, si mignon. Que c'est bon ! Jamais je ne me suis sentie si forte, invincible, inépuisable. Marie magique. Je ne vois plus Adam, ni les autres. Je danse, danse.

Je me réveille dans une chambre inconnue. Il fait froid et j'ai perdu l'une de mes sandales. Deux filles que je n'ai jamais vues, et qui n'ont pas l'air bien lunées, me ramènent en voiture chez Henriette. Je n'ai pas la présence d'esprit de leur demander si je peux avoir un café et comment elles savent où j'habite. Nous roulons en silence, j'ai trop mal à la tête et je crois m'être planté une écharde de mûrier dans le pied. Sur le pas de la porte, Henriette, livide, se tord les mains, m'assommant de paroles, de cris, de caresses. Je comprends qu'elle a alerté la police et que celle-ci est partie, dès l'aube, à ma recherche. Me serrant dans ses bras, comme si elle redoutait que je ne disparaisse à nouveau, elle me dit qu'elle n'a pas pu prévenir mes parents, cette foutue ligne de téléphone qui n'est toujours pas installée. Incapable de répondre, que pourrais-je ajouter ? Je respire, mes parents ne savent rien, tout va bien. Je marmonne des excuses, expliquant m'être amusée, vraiment confuse de n'avoir pas vu l'heure passer, comme je suis désolée, mais comment aurais-je pu avertir, faute de téléphone, que la fête durait ? Les autres sont rentrés au petit matin, ivres. « Un miracle, crie Henriette, un miracle », sans permis de conduire, imbibés d'alcool, que les garçons n'aient pas dévalé le ravin en ratant un virage. Je m'éloigne et pars me coucher. Il fait déjà chaud. Les garçons dorment.

Henriette nous réveille pour un déjeuner froid servi sur la terrasse. D'un ton résolu, elle annonce que nous rentrons tous dès le lendemain à Paris et que, l'été prochain, elle aura vendu sa maison. Nous ne répondons rien. Les garçons doivent être déçus, j'observe leurs mines, des gamins à qui on retire un jouet. Je me redresse pour les toiser. Je continuerai la fête. Je n'arrêterai jamais. Dans ma tête, dans mon corps, pulsera toujours l'été. Quoi qu'il m'en coûte. C'est si fort. Si chaud.

Mes parents sont sortis et nous sommes couchées, sous la garde d'une gouvernante, qui veille quelque part dans la maison. Julie, ma sœur aînée, entre dans ma chambre et propose de me laver les cheveux. Je bondis hors de mon lit. C'est gentil qu'elle ait envie de s'occuper de moi. Je la suis dans la salle de bains et penche sagement la tête au-dessus de la baignoire. Julie attrape le shampooing pour les chiens et me frotte. Le produit ne sent pas très bon, ses gestes sont rudes et ma nuque penchée endolorie, pourtant je me tais car je suis contente que ma grande sœur, si belle, si intelligente, me consacre de son temps. Les cheveux trempés, je retourne me coucher. Lorsque mes parents rentrent, ils passent dans nos chambres nous embrasser et nous border. Ma mère découvre mon oreiller humide, elle me gronde de m'être couchée les cheveux mouillés en ayant négligé de ranger la salle de bains. Je me laisse réprimander. La gouvernante dort depuis longtemps.

Je suis née en 1975, à la clinique Belvédère, une maternité où les taies d'oreiller des nouveau-nés sont bordées de dentelle anglaise. Aussi loin que je m'en souvienne, j'ai été une enfant choyée. Mes parents habitent dans l'hôtel particulier de ma marraine, rue de Grenelle. Nous le quittons pour emménager quai d'Orsay, chez mes grands-parents paternels. Un royaume enchanté. Mon jeu favori consiste à descendre toute nue, sans me faire attraper, la rampe des cinq étages de l'escalier de service. Une épreuve de courage, dont je me félicite en défiant Julie d'être capable d'accomplir à son tour une telle prouesse. Ma sœur hausse les épaules. Comme elle m'agace avec ces airs. François de Noailles, mon grand-père, est un homme débonnaire, heureux de passer du temps avec ses deux petites-filles, dont les chahuts l'amusent. Je crois qu'il m'aime beaucoup, il m'appelle « son petit lutin », « sa petite fée », il me caresse la joue, me passe la main dans les cheveux. J'apprécie ces manifestations. Elles sont rares dans ma famille. Je le rejoins dans le grand salon, en espérant qu'il puisse me lire une histoire ou me raconter ses souvenirs de courses de chevaux ou de bolides. Mon grand-père fut un cavalier passionné, et dans sa jeunesse un des premiers pilotes de voitures de course au rallye de Monaco, des exploits qu'il raconte avec verve, transformant ces compétitions sportives en aventures drolatiques.

Je frappe à la porte. Reconnaissant mon pas, il lève les yeux et me sourit :

— Marie Alicia, ma chérie.

— Bonjour Bon-Papa.

— Bon-Papa quoi ?

— Bon-Papa chéri, dis-je, m'approchant de son fauteuil.

— Bon-Papa chéri quoi ?

— Bon-Papa chéri adoré.

— Bon-Papa chéri adoré et quoi ?

— Bon-Papa chéri adoré et respecté, dis-je pour finir, tandis qu'il me tend les bras et pose son livre sur le guéridon.

Jusqu'à sa mort, à l'âge de cent trois ans, mon grand-père m'accueillera en déroulant ce questionnaire, dont je m'acquitterai toujours avec tendresse. Bon-Papa a remarqué que je ne m'entends pas très bien avec Julie et s'il n'en fait pas un sujet de conversation, il me chuchote parfois dans le creux de l'oreille : « Marie Alicia, notre maison du quai d'Orsay sera pour toi plus tard. Ta sœur aura une pendule. » Il rit et je l'accompagne avec chaleur, car dans ce secret, j'entends l'essentiel :

mon bienveillant grand-père, mon Bon-Papa adoré chéri et respecté me préfère moi, sa petite Marie, son petit lutin.

Je lui écris beaucoup de poèmes, qu'il fait encadrer et accrocher aux murs, dépareillant sa collection de toiles de maîtres aux cadres boursouflés. Le plus souvent, je recopie mes vers préférés d'Anna de Noailles, ma grand-tante qu'il a connue et dont il m'a raconté les caprices et l'exubérance qui agaçaient notre famille. Pas trop le genre de la maison, ces piaillements et pâmoisons, chez nous, on se la joue plutôt glacial, digne dans la tempête, impeccable quoi qu'il arrive. Mon grand-père me complimente, me répète que je suis une artiste, la digne héritière d'Anna de Noailles.

Pour lui plaire, j'apprends ses poèmes par cœur et les lui récite. Je prends la pose, m'efforçant de marquer les liaisons, d'y mettre le ton en ânonnant ces rimes que je comprends à peine mais qui lui plaisent tant. Bientôt je me pique d'en composer moi-même. Je ne suis pas douée, pourtant je griffonne des quatrains, aligne des phrases avec allégresse et les déclame à mon cher Bon-Papa, me régalant de son sourire. Il m'en demande encore et je voudrais le contenter.

La solution m'attend dans sa bibliothèque, où je pille ses livres, recopiant des poèmes que je signe de mon nom. Bon-Papa me félicite. Peut-être pardonne-t-on tout à ceux qu'on aime.

Une de mes amies passe quelques jours chez nous et je la presse. « Trouve-moi un poème, vite. Invente-moi des vers. Je dois faire plaisir à mon grand-père, je suis une artiste, il me croit douée. » Prise au jeu, elle s'exécute et produit à la chaîne de pauvres rimes que j'apprends en vitesse puis récite, debout dans le grand salon, triturant ma tresse de la main gauche. Mon grand-père me complimente bruyamment. Je savoure tellement son admiration que j'oublie l'avoir obtenue en mentant. L'ai-je vraiment dupé ?

À table, je me tiens droite, mon bras se lève vers la bouche, mes coudes serrent la taille, je respecte l'étiquette. Mon grand-père allège l'atmosphère en nous jetant des boulettes de pain à travers la table. Ma mère fronce les sourcils. Elle ne s'entend pas bien avec ma grand-mère, et cela me chagrine sans que j'ose lui demander pourquoi il en est ainsi. Leur mésentente m'est mystérieuse. J'apprendrai, bien plus tard, que mon père, Hélie de Noailles, fut attendu dix longues années. Un héritier unique et miraculeux, dont aucune femme, fût-ce la belle Nadège, ne saurait être digne. D'autant que ma mère, la jeune duchesse née Godin, tarde à son tour à offrir aux Noailles ce qu'ils désirent le plus. Dans les couloirs, à la cuisine, à l'office, à la buanderie, loin des salons, j'entends les domestiques chuchoter : mes grands-parents sont déçus que ma mère ait donné successivement naissance à deux filles, rendant incertaine notre lignée. À chacune de ses grossesses, ma grand-mère la taquinait méchamment : « Alors, chère Nadège, est-ce un petit vicomte que vous nous couvez ? » Huit ans après ma naissance, l'arrivée d'Emmanuel, mon petit frère, enchante la maisonnée et soulage jusque dans les cuisines. Enfin un fils pour perpétuer le nom. Mon nom. Si Emmanuel fut tant attendu, est-ce parce que Julie et moi ne suffisions pas ? Je voudrais leur montrer qu'ils se trompent, que je saurai les combler en étant une impeccable Noailles.

Jamais je ne demande à ma mère pourquoi son amour est avare de mots. Je m'applique, je suis sage, j'attends. Parfois ces paroles adviennent, insuffisantes. Marie ne connaît ni colère, ni caprice. Marie est plus facile que Julie. Marie s'occupe gentiment d'Emmanuel. Seulement Marie mâchouille ses cheveux, et puis elle lit mal. Oui, elle se donne de la peine, mais...

Mon grand-père et mon père découvrent qu'à défaut d'être douée en poésie, j'ai hérité de leurs qualités de cavaliers. Chaque dimanche, ils m'accompagnent aux grandes écuries, que notre famille a mises à la disposition du club d'équitation du village, la commune d'Épinay-Champlâtreux. Le déjeuner à peine fini, j'enfile mes bottes, mon casque, ma veste, puis trottine derrière mon père qui m'emmène monter en reprise. Accoudé contre la barrière, il ne me quitte pas des yeux, s'enthousiasmant à chaque figure. Je suis fière de le satisfaire. À cheval, je n'ai pas besoin de mentir, d'emprunter ou de me travestir. C'est tellement reposant de plaire en étant soi-même. Bientôt, mon père me fera découvrir le polo, cette passion familiale, et se régalera que je m'y révèle bonne joueuse. Son admiration ne parvient pourtant pas à me combler, il me manque une assurance, une sécurité, comme une garantie, un papier signé de mes parents reconnaissant m'aimer autant, m'aimer plus, m'aimer toujours, m'aimer malgré Julie, m'aimer avec Emmanuel, m'aimer même si rien ne m'apaise jamais.

Mon père parle peu. Son amour m'est une évidence, pourtant il demeure silencieux, incertain pour mon cœur. Je suis trop jeune pour comprendre qu'il n'a pas appris à exprimer ses émotions. Lorsqu'il était enfant, ma grand-mère a refusé qu'il soit scolarisé, afin de lui épargner une promiscuité indigne. Tandis qu'elle et son mari voyageaient et recevaient, mon père grandissait dans notre propriété familiale, à Champlâtreux, dans le Val-d'Oise, entouré d'une dizaine de domestiques, muets et dévoués. Un précepteur lui faisait la classe. Confiné dans cet immense château, n'ayant ni compagnon de jeu ni partenaire de conversation, hormis les visites de ses cousines et des enfants de familles alliées, il étudiait et montait à cheval. Un valet préparait ses vêtements, ouvrait son lit, avançait ses souliers et tirait les rideaux. De cette solitude aristocratique, je suis la seconde fille. Aimée en silence.

Chaque vendredi, l'école finie, nous retrouvons Champlâtreux. Résidence du premier président du Parlement de Paris et garde des Sceaux, ce château, construit au milieu du XVIIIe siècle, affiche un luxe architectural qui nous indiffère tant il nous est familier. Quatre salles d'apparat, vingt-trois chambres, dont chacune dispose de son propre cabinet de toilette et de son vestiaire, cette demeure, entrée dans ma famille par le mariage de Clotilde de la Ferté-Mun avec un duc de Noailles, est synonyme de joie, de rires, de jeux, car elle signifie pour nous, petits Parisiens, des heures de promenades dans les bois, de cachettes dans les écuries, de courses-poursuites dans les douves sèches. Ma mère, toujours parfaitement maîtresse de ses émotions, ne montre pas qu'elle apprécie peu de devoir passer chaque week-end sous le toit de sa belle-mère, avec laquelle les relations demeurent poliment tendues. Sourire, maintien, tradition.

Le personnel, attaché au service de notre famille depuis des décennies, s'agite en silence. Ma sœur, mon frère et moi sommes confiés aux soins de Moiselle, en son temps gouvernante de mon père, qui occupe un appartement dans une des ailes. C'est là que nous dormons, délicieusement éloignés de nos parents. Chaque matin, sur la table de sa cuisine, nous attendent des montagnes de mouillettes, ces fines tranches de pain frais tartinées de beurre et de miel, avec lesquelles elle régalait déjà notre père enfant. Lorsque Moiselle deviendra trop âgée pour servir, mes grands-parents l'installeront dans une maison de retraite, à Meudon. Depuis, chaque vendredi, sur la route de Champlâtreux, nous nous y arrêtons. Julie et moi nous chamaillons pour atteindre la première le perron où Moiselle, valise à ses pieds, nous attend. Elle passe le week-end avec nous, et je me régale en rêvant aux mouillettes du lendemain. Tendre Moiselle, dont je n'ai jamais connu le prénom, et qui fut enterrée dans notre propriété.

Nous recevons souvent la visite de nos cousins, avec lesquels ma sœur et moi galopons à travers les quarante pièces de la maison. Dans les grandes et petites écuries, les poneys sont sellés chaque matin, prêts à la promenade si l'envie nous en prenait. Pour nos goûters d'enfants, de longues tables sont dressées sur la pelouse, et nous nous laissons servir par le personnel soucieux de nous gâter. Bien que nous soyons nées à presque trois ans d'écart, les anniversaires de Julie et le mien sont célébrés le même jour. Dans le parc, un gigantesque buffet est installé pour régaler nos cent cinquante invités. Deux billards anciens, recouverts de nappe blanche, sont préparés pour nos cadeaux. Un billard pour ceux de Julie et un pour les miens. Entre les deux amoncellements, un mètre cinquante de distance et la surveillance étroite de ma sœur. Elle examine le volume des paquets et n'hésite pas à changer leurs étiquettes. Je la vois faire et me tais. Julie m'impressionne, jamais je n'arriverai à être forte comme elle. Je me console en fixant mes petits paquets, songeant avec contentement que je demeure la plus sage des petites-filles Noailles, de surcroît une artiste, douée comme Anna, ma grand-tante poète. Et puis, Bon-Papa n'a-t-il pas promis que Julie n'aurait qu'une pendule ?

Mes grands-parents sont des patriciens, régnant sur leur patrimoine dont chaque pierre témoigne de l'histoire de France, la dernière génération d'aristocrates français n'ayant jamais dû travailler. Avec leur charme désuet, ils entretiennent un monde, dont les bonnes manières et l'aisance masquent l'élégante finitude. Ils observent leur fils, enfin autorisé à être scolarisé dans un établissement parisien, accomplir d'excellentes études, exercer un métier et, nouveauté, gagner de l'argent. Grands voyageurs, ils se déplacent au gré du soleil entre Paris, Monaco, la Côte d'Azur ou les stations huppées des Alpes. Chacune de leurs pérégrinations est précédée d'une caravane de malles, de valises, de manteaux, de cartons à chapeaux, de coffres à bijoux, de grandes toilettes, de bottes d'équitation, de filets, de raquettes. Sauf à Deauville, où ils s'installent, soixante étés consécutifs, dans leur suite particulière de l'hôtel Royal.

D'une année à l'autre, leurs affaires estivales sont entreposées par le personnel, puis disposées à leur retour dans leurs appartements. La raison de cette logistique allégée, c'est Julie et moi. Les quinze jours sur la côte normande nous sont exclusivement consacrés et nos grands-parents renoncent alors à leurs bals, cocktails et matchs de polo, ayant à cœur que rien ne puisse altérer notre bon plaisir. Club Mickey, goûters gourmands, trampolines, Scrabble, pêche aux crevettes, chaque heure doit nous être délicieuse. Complices, Julie et moi savourons ces vacances, rivalisant de bêtises aussi badines que celle consistant à intervertir les bottes d'équitation des clients dans le couloir de l'hôtel, ou à faire pipi dans les cages d'ascenseurs. Une compétition de chipies, au cours de laquelle je suis prête à braver tous les interdits afin que Julie me trouve courageuse ; je désire tant qu'elle soit fière de moi. Lorsque sonne la fin de notre séjour, ma grand-mère me prend par la main et nous partons à la rencontre de chaque employé de l'hôtel afin de lui tendre une enveloppe. Princesse de juillet, j'admire la magnificence de mon aïeule.

En grandissant, je ne perdrai jamais la bienveillance de mes grands-parents, conservant l'habitude de les retrouver à leur domicile parisien pour déjeuner ou dîner avant de rejoindre, la nuit venue, la rue de Tournon et mes parents. Leur douceur me console. Leur maison est un îlot magique où je me repose de mes démons. Dans la bibliothèque, mon grand-père lit, assis dans un fauteuil profond, tandis qu'à ses côtés, ma chère grand-mère se tient raide sur une chaise cannée. Aucun bruit du siècle ne franchit leurs murs. Ils ne me questionnent pas, refusant d'entendre ce que mes parents racontent. Auprès d'eux, j'échappe aux questions de ma mère, aux regards inquiets de mon père, aux cris, aux colères. Durant les pires années de mes addictions, il n'y a qu'à leurs côtés que la Marie d'avant, celle qui sourit et obéit, s'est accordé de vivre un peu. Je leur rends grâces de n'avoir jamais admis l'existence de l'autre moi, celle qui fume, boit et défie la mort. Au nom de leur amour aveugle, je déciderai un jour de sauver ma carcasse et de faire triompher celle qu'ils ont obstinément aimée. Je ne joue plus à glisser nue sur la rampe d'escaliers, je connais désormais d'autres secrets pour obtenir des frissons.

Mon père devient premier conseiller à l'ambassade de France à Washington. Mes parents décident de laisser ma sœur aînée finir son année scolaire à Paris, et je me grise de ces trois mois de fille unique, un délice que je voudrais ne voir jamais finir. Comble de joie : les premières semaines de notre installation aux États-Unis, je dors sur un lit de camp dans leur chambre. Julie au loin, mes parents tout à moi, le bonheur. Hélas, ce rêve ne dure pas, une chambre m'est préparée.

Quand nous avons quitté la France, je commençais à lire et à écrire. À Washington, mes parents m'inscrivent à l'école française, mais je ne l'aime pas. Je demande à changer et ils m'envoient alors dans celle du quartier, avec tous nos petits voisins américains. Toute la journée, les enseignants me répètent que je suis là pour apprendre l'anglais, que cela prend du temps, que c'est bien normal, que je vais progresser. Malgré ces paroles aimables, ils me collent des « F » en rafale, la pire des notes, tout en me recommandant de ne pas m'inquiéter. Je n'y comprends rien. Ils disent des choses fausses. Ils baratinent des sermons et font tout le contraire. Je m'y perds. Si ce n'est pas grave que, petite Parisienne de six ans, je ne connaisse ni l'orthographe anglaise ni l'histoire des États-Unis, pourquoi me sanctionner ? On se moque de moi. Je me sens nulle. J'ai l'impression de vivre entourée de menteurs et je ne sais plus ce que je dois faire pour leur plaire, pour être sage. Je ne dis rien à ma mère. D'ailleurs, entre nous deux, tout est nettement moins bien depuis que Julie nous a rejointes. Ma grande sœur, très populaire, adore son école, où elle s'amuse, entourée de copines. Même loin de chez nous, même dans ce pays neuf, Julie est meilleure que moi. Je n'ai pas beaucoup d'amies, aussi suis-je très fière que Maman m'autorise à aller dormir chez une copine de ma classe, une petite Américaine noire, qui vit dans une maison mitoyenne. Je n'ai encore jamais vu de maison coupée en deux. Dans la voiture qui me dépose, Julie rit, à l'avant. Maman m'embrasse.

Nous allons parfois à l'ambassade chercher mon père et je traverse avec fierté le hall, au mur duquel est accroché un tableau représentant Gilles, marquis de La Fayette, un des héros de la guerre d'Indépendance des États-Unis. Mon père m'a raconté l'histoire de son épouse, Adrienne de Noailles, mon aïeule et l'une des femmes les plus courageuses de notre famille qui n'en manque pas, comme il me le rappelle volontiers. À dix-sept ans, Adrienne épouse l'officier Gilles du Motier, marquis de La Fayette, dont elle est éperdument amoureuse. Aux heures sanglantes de la Terreur, La Fayette est fait prisonnier par les Autrichiens, puis remis aux Prussiens qui l'enferment à la citadelle d'Olmutz dans un cachot souterrain, où il endure cinq années de captivité. À Paris, Adrienne de Noailles est faite prisonnière par les troupes révolutionnaires, puis libérée. Elle voit décapiter sa grand-mère, la maréchale de Noailles, sa mère, la duchesse d'Ayen, et sa sœur, la vicomtesse de Noailles. Tandis que leurs maris se cachent à l'étranger dans les jupons de leur maîtresse, ces trois valeureuses montent en carriole jusqu'au couperet, récitant des cantiques sous les huées du peuple. Trois fois endeuillée, Adrienne de Noailles se rend, accompagnée de ses deux filles, à Vienne où elle réclame de partager le sort de son époux prisonnier. Ce qui lui est accordé.

À Champlâtreux, mon père me montre les coiffes de coton que portaient les Noailles guillotinées ainsi que le croquis au crayon de leurs braves silhouettes conduites vers la guillotine. Suis-je animée du même sang que mes aïeules martyres ? Je porte leur nom. Il pèse.

Nous sommes conviés à des réceptions dans la résidence de l'ambassadeur, où il y a une piscine. Lors d'un cocktail, Julie et moi volons toutes les cigarettes disposées dans des timbales en argent sur les tables basses et les cachons dans nos serviettes de bain mouillées. De retour à la maison, ma mère découvre notre larcin et nous oblige à rédiger une lettre d'excuses. Nous voici de nouveau complices dans les bêtises. Je suis heureuse, parfois, comme lorsque ma mère et deux de ses amies organisent un périple au cours duquel nous visitons l'Arizona, trois semaines durant. Chaque famille loue un minivan et j'adore ces vacances, les copains, les excursions et l'aventure. J'aime l'été.

Une angoisse me vrille. Comme un poids dans mon ventre. Quelque chose qui me leste. Je l'écarte. Puis ce nœud revient me couper le souffle. Je profite d'un trajet, où je suis seule avec ma mère, pour lui confier mon malaise, bien que je manque de mots pour décrire cette peur diffuse, ce creux. « C'est le cafard, Marie chérie, le mal du pays, c'est tout à fait normal à ton âge », me dit-elle, sans détourner le regard. Je voudrais qu'elle ait raison.

Cinq ans plus tard, nous rentrons des États-Unis et nous installons dans un très grand appartement rue de Tournon, dans le VIe arrondissement de Paris. Un des souvenirs de ma vie parisienne est celui de ma mère entrant dans ma chambre en criant. Cela ne lui ressemble pas du tout de s'emporter ainsi. Je suis saisie par cette révélation : elle ne m'aime pas. J'en suis certaine. Ma mère ne m'aime pas. Comment pourrais-je comprendre, à onze ans, que ma mère est fatiguée, qu'elle vient de changer de continent, qu'elle a trois enfants dont le dernier n'a que deux ans et que, pour toutes ces bonnes raisons, elle cogne son pied contre mes amas d'habits, de livres et de jouets ? Je l'entends crier et je me dis qu'elle ne m'aime pas.

Le malaise qui m'habite grandit. Parfois, il m'empêche de respirer. Je suis très mauvaise en classe, j'écris pitoyablement, je m'embrouille dans cette langue que je n'ai quasiment jamais écrite ni lue. Mes enseignants rient de moi, ils moquent mes copies devant toute la classe. Vexée, je lis frénétiquement des romans, hélas tous ces mots avalés à la hâte me traversent, on dirait même qu'ils me fuient. L'École alsacienne décide de ne pas me garder. Je suis inscrite dans un autre établissement, le cours Sévigné, où je me fais très vite des amis rassurants. Avec eux, je découvre les cigarettes. Je suis renvoyée. Direction le cours Alfred de Musset. Je manque l'étude obligatoire du soir. Mes parents sont priés de me trouver un nouveau collège.

J'ai douze ans, je suis fumeuse et nulle en classe. Mes parents s'alarment, ils m'infligent quelques sermons, auxquels je réponds avec une insolence nouvelle. « Maman, comment peux-tu me dire que c'est mauvais alors que tu fumes toi-même ? » Je les sens désemparés, incapables de me soulager. Le monde entier m'agresse. Je me coupe en deux. Je suis Marie, enfant aimée de parents aimants, enfant protégée par des parents protecteurs. Je suis Marie, égratignée de mille petits riens. Pourquoi suis-je aussi anxieuse alors que ma vie est amour et abondance ? Pourquoi suis-je malheureuse ? Noyée de confort et de certitude, je ne connais que le manque.

Un copain de Julie me propose de tirer sur son joint. Nos parents sortis, je ne suis pas sûre que ma sœur ait l'autorisation d'inviter ses amis. Je suis très flattée que ce grand s'intéresse à moi, je n'ai que quatorze ans, et qu'il me rende visite dans ma chambre. Aussi je prends une taffe de son joint et je la trouve délicieuse. Bientôt, je fume un joint complet, rien que pour moi. C'est bon. Cela me fait tellement de bien. C'est relaxant. J'adore. En quelques jours, le shit devient mon obsession ; j'achète ma première barrette que je cache dans une boîte fermée à clé dans ma chambre. Je fume la nuit en écoutant au casque Janis Joplin et Led Zeppelin et je me sens magnifiquement détendue. Marie n'a plus mal, Marie n'a plus peur. Ma mère entre soudain et m'ordonne de vider le contenu de cette boîte sur mon lit. Je m'exécute. Le tout petit paquet d'herbe plié se cache dans les plis de ma couette.

Ma mère ne le voit pas. Elle sort, rassurée. Je triomphe. Je ne fume plus seulement la nuit, dorénavant je fume dès le matin depuis ma salle de bains en exhalant à travers la petite lucarne. Je pars en cours planante et fantastique, la boule au ventre disparaît. Plus rien ne m'atteint. J'ai trouvé le médicament qu'il me faut. Le monde ne m'écorche plus, il flotte.

Je suis inscrite dans un internat à Vaucresson, dont je parviens à me faire renvoyer après trois semaines, car je me suis fait prendre en train de fumer dans les toilettes de l'établissement. J'ai quinze ans.

Mon père dirige désormais un groupe pétrolier, il rentre tard à la maison, laissant ma mère affronter seule mon naufrage. L'affliction consolante des débuts laisse place à l'inquiétude. Ma mère s'emporte. Appelé en renfort, mon père essaie de me raisonner. Ni l'un ni l'autre ne parviennent à me convaincre que je dois arrêter. J'aime ces joints, ils m'allègent, ils me comblent. Je m'inflige une vague tentative de suicide en avalant des comprimés que je trouve dans leur pharmacie et téléphone à un copain pour l'avertir de mon agonie. Ma mère, mystérieusement informée, me retrouve et j'en suis quitte pour un lavage d'estomac. Je tente la fugue. Ma mère prévient la police. De guerre lasse, je rentre à la maison où mes parents ont basculé dans la peur. Leur tristesse me vrille le cœur mais je me sens incapable d'affronter mon existence sans herbe.

« Sentir dans son cœur vif, l'air, le feu et le sang, / Tourbillonner ainsi que le vent sur la terre. / S'élever au réel et pencher au mystère, / Être le jour qui monte et l'ombre qui descend[1]. »

Ce soir, j'ai recopié ce poème d'Anna de Noailles.

La drogue me console et me rassemble. Grâce à ces bouffées d'herbe, je suis heureuse comme jamais auparavant. Tant pis pour ceux qui s'inquiètent, ils ont tort. Pour la première fois, je vis. En roulant mes brins sucrés sur une feuille de papier, je m'envole pour le paradis.

Mes parents songent qu'ayant aimé les États-Unis, je pourrais peut-être y guérir de ma dépendance. Comme je monte bien à cheval, ils m'inscrivent dans un internat privé proche de Boston, équipé d'écuries et d'un terrain de

1. « La vie profonde » in *Le Cœur innombrable, op. cit.*

polo. Mon père m'y accompagne. Après avoir roulé deux heures à travers la campagne du Massachusetts, nous nous présentons à l'intendance, y remplissons toutes les formalités et recevons mon trousseau. Des draps, des serviettes, des livres, des cahiers, des crayons, deux pantalons d'équitation, trois maillets, une couverture supplémentaire pour l'hiver. Mon père me fait penser à un robot. Il marche vite, il organise, il signe, il paie et se tait. Ayant acheté une carte de téléphone, nous rejoignons la chambre qui m'est attribuée. Dans cette pièce nue, je m'assois sur le lit. Mon père pose mes sacs et s'approche de moi, me serre dans ses bras, puis s'éloigne en laissant la porte ouverte. Sans un mot. Une douleur fulgurante me saisit. Je suffoque. Je veux mon père, je veux qu'il revienne. Je cours vers la fenêtre, l'ouvre, crie, je sanglote en le voyant rejoindre sa voiture sur le parking sans même se retourner. J'entends qu'il démarre. Jamais je n'ai eu si mal qu'à cet instant-là. Je ne le vois plus. Dehors, il pleut. J'ai soudain très froid. Je contemple ma chambre, lorsqu'il me vient à l'esprit que j'ai un peu d'herbe, cachée au fond de ma valise. Merci mon herbe qui ne me fait jamais défaut.

Si mes résultats scolaires demeurent atones, en revanche je joue à fond au polo et m'y épuise.

Les matchs finis, nous fumons nos pétards dans les écuries. J'adore cet internat. Arrivent les vacances de Noël, où il est prévu que je retrouve ma famille au Mexique afin de passer une semaine de vacances sur la côte Pacifique. À peine sommes-nous installés dans notre hôtel, que la direction du pensionnat téléphone : une pipe à eau a été trouvée dans mon casier. Je rejoins mes parents dans leur chambre tandis que Julie et Emmanuel nous attendent au bord de la piscine. Leurs fronts soucieux m'attristent. Je n'aime pas leur faire de la peine et je m'en veux de gâcher nos vacances et leurs illusions.

Mon père fixe le mur comme s'il attendait d'y trouver une solution, ma mère me parle tout bas, se pétrissant les mains. Ses mots sont épuisés, elle tire sur sa chemise et me sourit. Le marché est clair : si je ne me soumets pas à une cure de désintoxication de vingt-huit jours, je ne serai pas reprise dans cet établissement qui pourtant a tout pour me plaire. N'est-ce pas ? J'acquiesce. Je dis toujours oui. Oui à mes parents, oui aux pétards, oui aux profs, oui au polo, oui à l'herbe marocaine, afghane, guatémaltèque. Marie dit oui. Les vacances sont fichues, mes parents, ma sœur et mon petit frère reprennent l'avion vers Paris. Ils ne me font aucun reproche, comme si leur défaite s'imposait d'évidence. Mimant une tendresse mécanique, nous nous quittons.

Je ne me souviens plus de mon âge. Quinze ans, seize ans, dix-huit ans ? C'est confus dans ma tête. Je n'aime pas essayer de la ranger. Parfois j'essaie. Je me concentre et j'imagine une ligne sur laquelle je place les événements de ma vie. Le quai d'Orsay avec Bon-Papa et Bonne-Maman, les dimanches à Champlâtreux, l'école, puis Washington, voilà, ensuite la naissance de mon frère, le retour rue de Tournon, mon premier joint, Ibiza, les cachets. Et là tout s'accélère, c'est l'embrouille, les années me narguent, je ne sais plus. Je vois des fêtes, des rêves, des cuites, des cris, des pleurs. Je me fiche des dates. Les dates, c'est pour les vieux.

Nina, une amie new-yorkaise de mes parents, s'est proposée pour venir me chercher à l'aéroport de Boston, puis m'accompagner en voiture jusqu'au centre de cure. L'endroit, lugubre, est interdit d'accès aux accompagnants. Sur le seuil, elle m'embrasse, ébouriffant mes cheveux avec une tendresse désemparée qui m'incommode, car nous ne nous connaissons pas. Est-ce que je mérite qu'une inconnue s'inquiète de mon sort ? Est-ce donc si terrible d'atterrir ici ? Je la regarde partir. À travers la paroi vitrée, elle me fait signe. Je suis conduite vers une salle d'examen, où je dois me déshabiller. Nue, grelottante, je parviens à cacher un minuscule paquet d'herbe sous la plante de mon pied droit. Ils ne le trouvent pas. Très contente de moi, je m'installe dans ma chambre au troisième étage.

La cure consiste à nous surveiller et à nous seriner des discours menaçants, qui n'ont pour seul effet que de me faire ricaner. Ils sont nuls ces éducateurs de ne pas admettre que l'herbe embellit la vie. Je ne ferai pas leurs vingt-huit jours obligatoires de désintoxication. Une pensionnaire, m'ayant vue fumer, m'a dénoncée et je suis renvoyée sur-le-champ. Victoire.

Cette même amie me ramène à New York chez elle, où elle a promis de veiller sur moi en espérant que je cesse enfin mes « gamineries », comme elle dit en faisant semblant d'y croire. Tout le voyage, elle conduit en babillant, le regard fixé sur la route Interstate 95. J'observe sa coiffure impeccable, son visage lisse, je la sais très fortunée, propriétaire d'une grosse entreprise. Elle n'aborde pas la raison de ma présence à ses côtés. Grisant de réaliser que moi, l'ado à problème, je lui fais peur. Je me laisse flotter dans sa conversation, m'enivrant de cette découverte exquise : je suis hors de la portée des adultes. Je leur échappe, je suis si loin. Ils me respectent car je les inquiète.

Nina me fait visiter son duplex dont les fenêtres plongent sur Central Park en m'expliquant, enjouée, que ses enfants font des études ailleurs, qu'elle-même voyage souvent et que je peux tout demander à Lucy la gouvernante. Puis elle me montre ma chambre. Je remarque la porte vers l'escalier de service. Tout en lui souriant, j'échafaude des plans de fuite nocturne. Je n'ai pas du tout l'impression de trahir la générosité de mon hôtesse, ni même d'être indigne de sa confiance, tout au contraire, je me sens forte ; j'ai réussi à échapper au pensionnat grâce à la pipe à eau, à cet établissement de cure grâce à la fumette, et me voici confortablement logée à New York, invincible et rebelle. J'ai seize ans. Oui, seize ans. Je déballe mes valises et installe mes affaires. Lucy frappe à la porte. Un appel téléphonique de mes parents me dicte l'adresse du nouveau lycée où je suis inscrite. Je la note. S'il n'y a que cela pour leur faire plaisir. Ma mère me passe ma sœur. Je suis contente de parler à Julie. Elle me dit que j'ai trop de chance, c'est la classe d'être à New York, elle me donne le numéro de téléphone d'un de ses amis, un photographe, il faut absolument que je l'appelle, il sort beaucoup. « Veinarde », lance-t-elle avant de raccrocher. Si Julie me trouve chanceuse, j'ai vraiment gagné.

Mike correspond à la description de ma sœur, et je me demanderai bien plus tard si elle a sciemment introduit dans ma vie ce diable tentateur, ou si elle-même, tout juste âgée de dix-neuf ans, n'a pas mesuré les périls auxquels elle me recommandait gaiement. Je penche pour la seconde explication. Mike est un charmant irresponsable. Quinze ans de plus que moi, de l'argent, une moto, des boîtes de comprimés plein sa salle de bains et une soif inextinguible d'extases. Petite poupée de porcelaine accrochée à son bras, je découvre les boîtes new-yorkaises, ces étuves trépidantes de survivants, ces hordes de fêtards fous au point de croire que s'ils ont échappé au sida et à la surdose, c'est qu'ils sont élus pour le plaisir éternel. Plus forts que la mort, leurs corps enchaînent les nuits, les trips, les fièvres hallucinées. Autour de moi, des vedettes, des travestis, des homos cuir, des cachets, des bulles, des rails, des seringues. Tout est bon pour tressaillir, jouir, brûler.

Mes compagnons de New York ont la trentaine, le double de mon âge, et ils me chérissent comme une mascotte à initier d'urgence. Pour les rejoindre et leur appartenir, j'accepte tout, j'essaie tout, je goûte tout. Une vie en plus m'est offerte. Chaque nuit dans leurs bras, sur la piste, je bois, je fume, et mes peurs disparaissent, mes hontes s'évanouissent. Je n'ai plus de frein, plus de gêne, plus de limite. Invulnérable et sensuelle, je ris aux éclats. Je suis si belle, si fraîche, si cultivée. Oui, je me sens tout savoir, tout connaître, je m'observe flotter hors de moi, impérieuse et puissante, j'entends dans ma tête parler les couleurs. Le temps se dilate, mon corps danse, orgie éternelle, je vole. Assise par terre dans les toilettes en marbre, je pourrais composer des poèmes qu'Anna de Noailles m'envierait. Si je le faisais ? D'ailleurs n'est-ce pas elle qui entre se recoiffer, n'est-ce pas ma grand-tante qui vomit dans la cuvette puis renifle un rail en se remettant du rouge à lèvres ? Elle tourne la tête, me fixe d'un regard mauvais. J'ai dû me tromper. Elle est blonde. Or, la blonde, c'est moi, Anna la diva poétesse est brune, brune comme un petit corbeau qui grince. Je suis un aigle, le meilleur de moi-même. La tête me tourne, je vais remonter vers la piste de danse. J'ai si soif et mon cœur cogne. Mes pupilles rétrécissent, je vois les sons, je les colorie dans l'air. Qui m'appelle ? Bon-Papa ? Oh non, s'il me voyait. Mike darling, donne-moi un cachet, please.

Amoureuse de ce photographe musclé que je ne verrai que rarement à la lumière du jour, est-ce possible qu'à peine deux années se soient écoulées depuis ce premier joint fumé, assise sur mon lit, rue de Tournon ? La fête bat son plein. L'été éternel.

Nina a téléphoné à mes parents et mon père a sifflé la fin de la partie, furieux d'apprendre que je n'ai presque jamais été au lycée. Retour express à Paris. Mes chers parents, la maison, mon frère, ma sœur, la propriété de famille, les soirées, les dîners, les domestiques et ce chagrin qui m'englue. Les gens normaux sont des ovnis. Je les regarde se réveiller, travailler, s'amuser, dormir, accomplir leurs tâches administratives, aller à la poste, faire des courses, se garer, et je les envie. Comment font-ils ? Je voudrais devenir moi aussi un ovni. J'aimerais écrire des poèmes, remplir des chèques, exposer mes photos, et tendre ma carte bleue pour acheter ce manteau en soldes. Je ne peux pas. Je ne vis pas dans ce monde. Je prends de l'herbe, un peu de cocaïne, parfois des cachets pour faire la fête et de l'alcool pour tempérer mes descentes.

Je plais aux garçons. Je sais que je suis jolie, cela me rassure de me l'entendre dire. Parfois je couche avec l'un d'eux. C'est facile, je ne dois rien prouver, il suffit de s'allonger et de se donner et l'instant que je préfère est celui où il me dit que c'était bien. Comme les concours d'équitation, les matchs de polo ou les poèmes, j'adore qu'on me complimente pour ce que j'ai fait. Ou fait semblant de faire. On m'aime quand je dis oui.

Je bois beaucoup. Ma mère ferme à clé les placards dans lesquels sont placées les bouteilles d'alcool fort, mais j'ai mes petites combines. Je sais où elle dissimule sa clé et quand elle choisit une nouvelle cachette, je descends à la cave, là où mon père garde ses bonnes bouteilles de vin. Je n'aime pas le vin, mais quand je n'ai rien d'autre à ma disposition, je m'en contente. Mes parents ont demandé une hospitalisation. Quand on réclame un placement, on ne peut pas choisir l'établissement, le service ou le professeur, on est distribué selon son secteur géographique ; comme nous habitons le VIe arrondissement, je suis hospitalisée à Sainte-Anne. Ma mère et moi arrivons au milieu de la nuit, elle m'aide à tenir debout. Je lui souris timidement, je voudrais tant guérir pour elle, pour moi, pour nous. On me demande d'enfiler une chemise de nuit qui se ferme avec des pressions, puis on me pose dans le bras une perfusion qui distille de quoi me réhydrater et me nourrir en vitamine B7 afin de m'éviter des crises de manque. Je suis conduite dans une chambre. L'infirmier me donne un Valium. Je l'avale.

Le lendemain matin, je réalise que je n'ai pas mes affaires. Je m'arrache la perfusion, je prends une douche, je veux me laver les cheveux. Comme je n'ai pas de shampooing, je remplis le creux de ma main avec le savon liquide désinfectant, posé sur le lavabo. Je sors dans le couloir. Une patiente y déambule à pas chassés, elle ne parle pas et, d'un sourire las, me fait signe de la suivre vers le jardin. Elle m'assoit sur un banc et me coiffe. Lentement, sans prononcer un mot, elle passe la brosse sur ma tête. Poupée sage, je la laisse faire. Puis nous rentrons, je retourne vers mon lit.

Ma mère m'apporte des affaires de toilette, des cigarettes et de la lecture. Sur son visage qui s'efforce de sourire, je reconnais le masque. Le masque de Nadège de Noailles, qui fait ce qu'elle sait si bien faire : se maîtriser, ne pas succomber aux émotions, se tenir droite. Pourtant comme elle souffre, ma mère, de réclamer qu'on lui prenne sa seconde fille, sa petite Marie, si douce et si fragile. Comme elle a mal et ne le montre jamais. Nous ne nous parlons pas beaucoup. Je reste un mois aux urgences psychiatriques. Je ne me souviens plus de mon âge. Cela fait si longtemps.

Il faut être doté d'un cœur bien vaillant pour ne pas sombrer lorsqu'on est pensionnaire d'un tel service. Je m'accommode peu à peu de cette voisine qui me coiffe en silence, Hélène, qui vit allongée sur le sol du couloir, le visage posé contre le carrelage froid, et que le personnel enjambe avec la dextérité que confère l'habitude. François-Xavier, schizophrène, fils de médecins parisiens, la langue engourdie par les médicaments, devient mon ami. Je souris en songeant qu'il doit brosser à peu près le même portrait de moi. « Ma copine Marie, une aristo déjantée, sympa, plutôt jolie, elle aime bien la fumette, elle prend d'autres trucs aussi, elle est cool. » Ensemble, nous tuons le temps, prenons des cafés, sortons fumer dans la cour. Les journées sont vides. Hormis les doses élevées de cachets, je ne comprends pas comment nous sommes censés guérir notre dépendance. Cinq minutes chaque jour, le psychiatre de service visite ma chambre. Il s'arrête au bord du lit tout en feuilletant son dossier, il me regarde à peine, demande si tout va bien, puis il repart, non sans glisser quelques recommandations à l'infirmière qui, aussitôt, réajuste ma perfusion. Pas de groupe de parole, pas d'entretien individuel, pas de soins personnalisés. Il y a bien un atelier d'art-thérapie, mais je n'ai aucune envie de gribouiller avec des crayons de couleur. Je ne suis plus une gosse.

Nous passons notre temps dans la salle commune, où la télévision couvre nos conversations. Les patients sont mélangés sans égard pour leur éventuelle dangerosité, aucun infirmier n'est présent. Les sujets de conversation ne s'épuisent pas, car il suffit à François-Xavier et moi de jeter un coup d'œil alentour pour trouver de quoi nous amuser. Est-ce qu'Hélène restera encore sur le carrelage ? Est-ce que ma coiffeuse muette quittera un jour l'hôpital ? Nous nous sentons plus forts que tous ces malades, nous qui n'avons que fumé de l'herbe et picolé un peu… Le reste, oublions. D'ailleurs, je m'en passe. Cela ne devait pas être si méchant.

Seul Hassan me fait peur. Il a été placé dans notre service après avoir agressé des passants avec un couteau. J'évite de le dévisager, son regard m'effraie. Est-ce parce que je suis blonde aux yeux bleus qu'il m'observe sans cesse ? Un après-midi, il se jette sur moi en hurlant et je ne sais pas ce qu'il m'aurait fait si François-Xavier n'était intervenu. Les infirmiers accourent. Hassan est mis à l'isolement dans une pièce fermée à clé, qui ne contient qu'un matelas sans drap afin qu'il ne cherche pas à s'étrangler. Jour et nuit, je l'entends frapper des deux poings contre la porte en fer.

Ma mère vient me voir chaque jour. Les yeux fixés sur ma chemise de nuit à pressions, elle ne dit pas grand-chose. Passé quelques semaines cotonneuses, elle m'informe que le formulaire d'Hospitalisation à la Demande d'un Tiers, le HDT, a été mal enregistré. Dans l'urgence, mon père n'aurait pas signé là où il fallait. Je rentre à la maison. Je me sens lasse.

Je suis désormais soignée dans un hôpital de jour que je peux quitter le soir afin de dormir chez moi. J'y vais de mauvaise grâce. Une dizaine de patients, assis dans une pièce trop chauffée, boivent du café dans des gobelets en plastique. À notre disposition, un jeu de Scrabble et deux plantes vertes. Je m'habille excessivement ; vêtements de marque, maquillage soutenu, escarpins perchés. Je ne sais pas vraiment pourquoi. Voudrais-je provoquer les soignants ? Marquer ma différence avec les autres ? Effacer le souvenir de la chemise de nuit à boutons pression ? Ou tout à la fois… Trois fois par jour, une infirmière apporte nos traitements. Elle pose le chariot au milieu de la pièce, et nous demande de nous aligner en file indienne. Et à chaque distribution, elle répète que si nous ne nous sentons pas bien, nous pouvons lui demander un « si besoin ». Souriant avec entrain, elle agite une plaquette dans les airs, comme une plaque de chocolat devant des enfants affamés. Personne ne sait ce qu'est un « si besoin », l'infirmière ne l'explique pas. J'ai bien envie d'essayer. Un cachet que je ne connais pas, un cachet qui fait du bien, un cachet qui berce, câline, promène, et qu'on me tend sans que je doive céder, risquer ou supplier pour l'obtenir. Un cachet pour un Ibiza tout doux. Je me compose le visage qui convient et j'invente une crise d'angoisse, les yeux baissés sur mes bottines. L'infirmière, contente d'avoir trouvé preneur, me donne un « si besoin » sans me poser de question. Je l'avale d'un coup. Mon esprit s'engourdit, il ralentit, je m'assois, voilà qui est bien. Je demanderai souvent des « si besoin ». Un silence épais enveloppe la pièce, on dirait que nous flottons en apesanteur.

Je regarde les patients, assoupis sur leur chaise, les infirmières qui bavardent à l'autre bout du couloir, la boîte de Scrabble et le chariot des médicaments. Comment allez-vous me réparer ? Faire de moi une personne normale ? Les produits que je consomme sont de plus en plus puissants, de plus en plus fréquents, et pourtant ils me ramènent à l'endroit que je voulais quitter. S'il n'y a plus rien à fumer, boire ou avaler qui m'aspire hors de moi, que deviendrais-je ? Comment échapper aux tentacules chimiques qui désintègrent ma cervelle, dévorent mes bras, mon souffle et mes yeux, morcelant ma mémoire et grignotant ma concentration ? Je voudrais guérir, arrêter tout. Et ne me priver de rien. Guérir mais ne devoir jamais marcher sans béquille.

Kafka, Baudelaire, Sartre, j'oublie aussitôt ce que je viens de lire. Mon cerveau serait-il abîmé ? J'adore la photographie. J'en fais beaucoup de moi. Dans la salle de bains, en arrière-plan des serviettes en éponge bordeaux et jaune suspendues au radiateur, je prends la pose face au miroir, dans la buée. À la hauteur de ma gorge, je tiens mon appareil et je serre les lèvres. À mon auriculaire droit, ma chevalière, trop large, aux oreilles mes anneaux dorés, mes cheveux décoiffés. Je me vois comme je voudrais paraître : hostile, défiante, impénétrable. Friable aussi. Mes yeux noirs défient quiconque de me venir en aide. Ils interdisent de me consoler. Marie sans sourire, Marie qui souffre et se consume, je l'ai fixée dans ce miroir comme pour signifier que l'enfant blessée que je fus n'existe plus que dans la vapeur d'eau d'une salle de bains.

Ce portrait de moi à quinze ans, je le laisserai publier, des années plus tard, dans un numéro de *Paris Match*. De sa lumière plombée, il accompagnera le court récit de mon addiction, puis de ma totale guérison. Un article, dont je serai la seule à savoir qu'il célèbre, en ce mois de juin 2010, à quelques semaines près, le premier anniversaire de ma nouvelle vie. J'ai trente ans et je suis clean depuis un an.

Je manque. Je ne sais toujours pas de quoi. J'ai tout. Et je suis creuse, béante. Des heures durant, blottie dans mon lit, je recopie, dans de petits cahiers aussitôt cachés, les poèmes d'Anna de Noailles. « *Mets les mains sur mon front où tout l'humain orage, / Lutte comme un oiseau, / Et perpétue, ainsi qu'au creux des coquillages, / Le tumulte des eaux*[1]. » Je crois que cette femme aux yeux sombres m'a devinée. Elle s'adresse à moi, sa petite-nièce, dépendante et perdue. « *Reste, voici la nuit, et dans l'ombre croissante, / Je sens rôder la peur*[2]. » Si je racontais à mes parents que je pleure en murmurant ces vers, je crois qu'ils ne comprendraient pas. Comment leur dire qu'Anna de Noailles connaît mes tourments, qu'elle m'offre ses mots pour traduire mes peines ?

1. « Plainte » in *Le Cœur innombrable, op. cit.*
2. *Ibid.*

Mon père m'a raconté sa vie ; celle d'une princesse roumaine, riche et cultivée, qui épouse, à dix-neuf ans, Mathieu, le frère de mon arrière-grand-père. Voluptueuse et brillante, elle tient à Paris, dans son hôtel particulier de l'avenue Hoche, un des salons les plus courus de ce début du XXe siècle. Maurice Barrès, dont elle est la maîtresse ardente, Edmond Rostand, Francis Jammes, Paul Claudel, Colette, André Gide, Paul Valéry, Jean Cocteau, Pierre Loti, François Mauriac, et tant d'autres se pressent pour l'écouter. « Sacha Guitry admirait infiniment Madame de Noailles ? Mais qui n'admirait pas Anna de Noailles ? C'était un personnage extraordinaire, qui avait l'air d'un petit perroquet noir toujours en colère, et qui ne laissait jamais placer un mot à personne. Elle recevait dans son lit, les gens se pressaient en foule dans sa ruelle[1]. » Comme il est étrange de lire ses descriptions piquantes des séjours à Champlâtreux. Elle rit des usages compassés qui y ont cours. Elle se moque de sa belle-mère. Est-ce possible que je dorme dans sa chambre ? Je regarde ce qu'elle a vu, je m'ennuie de ce qui lui a tant pesé.

Son unique fils, le comte Anna Jules de Noailles, est mon parrain. Il est mort l'année de mes quatre

1. *Sacha Guitry et les femmes,* Hervé Lauwick, Paris, Plon, 1965.

ans. Pourtant je voudrais croire qu'un signe fut tracé par elle sur mon front. Personne n'a deviné que, comme ma grand-tante, poétesse lyrique, je suis une artiste romantique, brûlant de mille fièvres muettes, mais obligée d'emprunter des mots. « *Comme du pourpre soir aux couleurs de cerise, / Laisser du cœur vermeil couler la flamme et l'eau, / Et comme l'aube claire appuyée au coteau, / Avoir l'âme qui rêve, au bord du monde assise*[1]. »

Poétesse insomniaque, copiste clandestine, je méprise les amies de Julie, ces jolies blondes qui pouffent devant la glace en s'habillant pour leurs soirées. Je ne suis pas comme elle. Je suis Marie la déjantée, la rebelle, Marie la différente. Ma sœur ne m'intègre pas à son groupe d'amies, pour la plupart élèves à la faculté américaine. Elle a toujours rechigné à me faire de la place. Je la vois grandir, toutes voiles dehors, si belle, si grande. Et moi, abîmée. Malheureuse sans même savoir de quoi.

Ma mère m'aime, elle ne sait pas me le dire. Dans ma chute, elle m'entoure, elle cherche, elle consulte, elle se renseigne, elle patiente, elle espère, elle remue le ciel, la terre et toutes ses

1. « La vie profonde » in *Le Cœur innombrable, op. cit.*

connaissances, elle veut m'aider, guérir sa fille. Sauver Marie. Elle ne me dit jamais qu'elle m'aime.

Bien plus tard, quand son cancer sera diagnostiqué, je me ferai le serment d'être à ses côtés comme elle l'a été pour moi. Plusieurs fois par jour, je l'appellerai, je lui enverrai des textos. « Ma petite Maman, je pense si fort à toi, je voudrais que tu sois guérie, que tu ne souffres pas, je t'aime si fort ma petite Maman. » Elle répondra toujours : « Merci, ma chérie, je t'embrasse. » Elle ne m'écrira pas qu'elle m'aime. Quand nous comprendrons qu'elle ne guérira plus, je me promettrai de lui dire de vive voix combien je l'aime. Ainsi, c'est sûr, elle me fera ses adieux, elle me chuchotera son amour. Nous n'en aurons pas l'occasion. L'hôpital Cochin nous avertira qu'elle est morte. Je foncerai à son chevet. Je m'assiérai à côté d'elle. J'attraperai sa main encore tiède pour me caresser le visage.

Tu m'aimes, Maman ? Hein, tu m'aimes ?

J'inspire une fois, trois fois, cinq fois, je ferme les yeux, mes poumons s'élargissent, mon cœur bat plus vite et chasse le sang qui tourne dans mes veines. Des frissons de stupeur délicieuse me saisissent, l'euphorie m'engloutit, je me lève, je tombe, j'écarte les bras, les jambes, je crie. Autour de moi, tout se fait lumière, je suis un corps, un orgasme calme. Je ne suis que plaisir. Flash d'héroïne, le plus sauvage au monde. J'ai commencé lors d'une fête à Paris. Ma vie s'organise autour de cette drogue qu'il me faut prendre souvent. Les premières semaines, je parviens à espacer les doses. J'attends le samedi, un concert, une fête. Lorsque ses effets s'estompent, j'ai mal au cœur, je vomis, mes pupilles s'élargissent, je peine à respirer. Pourquoi attendre alors que l'extase est là, au fond de mon sac à main ? Je prends un sachet, je l'avale avec voracité, je n'aime pas les seringues, c'est sale et dangereux. Quelques secondes et voici que je décolle, je voyage, je tremble. Quiétude, euphorie, extase. C'est si bon. Paradis, voici Marie. Depuis notre chambre à coucher au second étage, mon compagnon vend de la came. Il actionne une poulie, qui descend jusqu'au rez-de-chaussée un œuf en plastique Kinder vide. Le client roule à l'intérieur un billet de banque, il le remonte, prend l'argent et lui renvoie sa dose. Les affaires sont bonnes.

Cet été, nous partons en Espagne dans un appartement loué avec des copains à La Linea, une ville de la province de Cadix, qui connecte le rocher de Gibraltar à la côte andalouse. Cet endroit est percé d'une ligne droite, une route où, à la nuit tombée, s'organise un marché de stupéfiants à ciel ouvert. Par centaines, des types aux mains crasseuses vendent des drogues dures aux touristes défoncés qui déambulent, excités de n'avoir qu'à tendre des billets pour acheter leur came. Nous sommes venus ici pour ça. Notre été héroïne. Quand j'ai fini mon shoot, je cours vers la plage et plonge dans l'eau glacée où je nage sur des kilomètres, magnifiquement heureuse de sentir mon corps transporté par les vagues, ma nuque chauffée par les rayons du soleil, les yeux piqués par la lumière trop blanche. Que jamais ce plaisir ne s'atténue.

Pour mes dix-huit ans, ma sœur Julie me donne rendez-vous aux Bains Douches. Je suis surprise qu'elle ait envie de passer une soirée avec sa petite sœur. Je la retrouve au bar, elle est accompagnée d'une de ses amies, elle m'invite à ouvrir la porte d'un salon privé. J'y découvre, regroupées autour de deux divans de velours bordeaux, toutes les personnes que j'aime arborant des tee-shirts que ma sœur a fait peindre pour l'occasion. Je claque la porte. Je veux leur dire qu'ils se trompent, que je ne suis pas celle qu'ils connaissent, que je suis une autre Marie, qui ne mérite ni leurs vivats, ni leurs sourires. Julie ouvre la porte du salon et m'y pousse sous les acclamations des invités. Je prends un cachet, je danse toute la nuit. C'est mieux. Toujours mieux ainsi.

J'échafaude une double vie, résolue à n'abandonner aucune de mes existences. Mes parents sont soulagés que je sois admise à l'école d'art Parsons, convaincus que si j'étudie enfin la photographie, je cesserai de faire la fête et de prendre des saletés pour planer. Ils ne cessent de m'enjoindre de travailler, de progresser dans cette voie artistique, de surtout me concentrer sur mes études. Ils n'abordent pas mon addiction. Ils ne veulent pas la nommer, comme s'ils redoutaient qu'en la nommant, elle se mette à exister plus encore. Je m'étonne qu'ils ne remarquent ni ma maigreur, ni mon irritabilité. Ils se protègent, ils se taisent, ils se persuadent. De toutes mes dernières forces, je leur donne le change. Je me conforme à leurs souhaits. Comme eux, je veux croire que si nous faisons semblant, tout ira bien.

À leur demande, je participe au Bal des débutantes, soirée parisienne organisée à l'hôtel Crillon, qui célèbre chaque année des jeunes héritières, filles de chefs d'État, de grands industriels ou d'artistes renommés. Version moderne et sponsorisée d'une tradition anglaise qui se perpétua jusqu'aux lendemains de la Seconde Guerre mondiale. À Londres, une fois par an, les jeunes filles de l'aristocratie britannique étaient présentées à la Cour lors d'un bal fastueux. Habillée par une maison de haute couture, d'une minceur extrême, je suis repérée par une marque de l'avenue de Montaigne qui me sollicite pour des séances de mannequinat. Ma mère se réjouit tant que j'accepte le rendez-vous. Le jour convenu, je la quitte en lui promettant de lui raconter au plus vite comment s'est passée la prise de vue. Sur le trajet vers le studio photographique, un vertige me saisit. Je m'arrête. Comment puis-je prétendre poser pour ces photos ? Comment mentir à ces gens qui me croient jeune fille de bonne famille, à l'aise dans mes escarpins ? Comment affronter ce monde bien rangé, où des horaires, des interlocuteurs, des contraintes, des résultats me seront imposés ? Je fais aussitôt demi-tour et rentre chez moi sans prévenir que je n'honorerai pas le rendez-vous. Qu'aurais-je pu dire ? Bonjour Madame, la Marie de Noailles dont vous avez apprécié la grâce sur le parquet ciré de l'hôtel Crillon n'existe pas. Elle n'est qu'une image, à laquelle je m'astreins pour rassurer ma mère et épargner mon père. Marie de Noailles ne vit que grâce à ses doses de poudre blanche afin de danser toujours, virevolter et se perdre. Personne ne le sait, voyez-vous. Moi non plus d'ailleurs. Parfois je m'en souviens alors je me dépêche de prendre quelque chose pour l'oublier. Au revoir. Adieu.

Ma mère me propose de déjeuner dans un restaurant chinois de Neuilly. Je suis contente de la voir. Dans ma vie à double face, je ne veux renoncer à rien, ni à la drogue ni à ma famille. J'arrive à l'heure et me suis habillée avec application, car je sais combien cette discipline lui importe. Nous parlons gaiement, devisant de sujets légers, et la tête me tourne tant tout me paraît possible. Je sens sur moi son regard tendre et elle ne me pose aucune question. Se pourrait-il qu'elle ait accepté mon état ? Tandis qu'elle attrape sa tasse de thé au jasmin, je remarque ses ongles rongés jusqu'au sang. Jamais jusqu'alors je n'ai observé chez elle le signe d'une souffrance. Je ne peux m'empêcher de fixer ses doigts. Je me tais. Que lui arrive-t-il ? Je sens venir mes larmes, je voudrais m'enfuir, je repousse ma chaise, prête à courir, lorsque brusquement ma mère pose ses couverts et m'attrape le poignet. « Marie, tu dois te faire soigner. » Je m'effondre. Ma mère m'attendait, elle n'a jamais cessé de m'espérer. Je prends de l'héroïne depuis trois ans.

Depuis des mois, avec la complicité de mon père, auquel mes cures auront coûté une fortune, elle consulte un thérapeute parisien, Fernando Geberovich. Spécialiste de la toxicomanie, il lui a recommandé une clinique en Espagne, où, m'assure-t-elle, je serai heureuse car il y a un parc, des arbres, une grande écurie, beaucoup de jeunes de toute l'Europe. Oui, maman, si tu veux que j'aille me soigner en Espagne, j'irai. Ce que ma mère ne me dit pas, c'est qu'elle se rend une fois par semaine au cabinet de Geberovich. Que là, dans ce bureau dont la lumière est étouffée par les lourds rideaux grenat, l'impeccable duchesse pleure. Ma mère, face à laquelle je croyais si bien tenir mon rôle, ne m'a jamais vue autrement que comme je suis : perdue. Perdue, elle l'est également ma mère – courage, ma splendide mère qui sanglote. Mais elle est combative, résolue, déterminée. Puisque Maman y tient, puisque Papa le veut, j'irai en Espagne. Je ferai tout pour que jamais plus elle ne se ronge les ongles.

La clinique se situe dans la banlieue de Barcelone, et en effet tout concourt à ce que je puisse y être heureuse. Après une semaine de traitement douloureux, ma dépendance est physiquement enrayée et je me soumets au rythme de la cure. Les ateliers s'enchaînent, ne laissant vacante aucune minute de notre emploi du temps. Les règles sont strictes : chaque pensionnaire nettoie sa chambre, chaque pensionnaire fait son lit, chaque pensionnaire s'inscrit dans un tableau de service. Un mois de travail à la lingerie, suivi d'un mois en cuisine, puis d'un mois dans les écuries et un mois de jardinage. Docile, j'accomplis tous les travaux qui me sont attribués. Pour égayer ma chambre, ma mère me poste un tapis marocain et une parure de lit à motifs de soleil jaune orangé. Mal à l'aise parmi les patients, je me sens étrangère à leurs histoires. Mon addiction ressemble si peu à la leur. En quoi mon manque de fille gâtée peut-il faire écho à leurs errances ? Je dois rester six mois. Si je calcule bien, je dois avoir vingt ans ou dix-neuf, non, plutôt dix-neuf… Je ne sais plus.

Mon amoureux me manque. Il est peintre, il a quarante ans, un peu de succès, et il fait très attention à ce qu'il consomme parce qu'il n'aime pas quand ses mains tremblent. Je crois qu'il aurait voulu que je fasse comme lui, que je sois une toxico raisonnable, une toxico intermittente de la dope. Trop tard. Il m'a écrit une carte postale. Il ne s'est pas foulé. Quelques mots au stylo-bille. Je suis déçue, me tromperait-il déjà ? À moins que… J'attrape ma pince à épiler, je sépare soigneusement en deux la carte postale, arrachant la partie photographie de celle en carton blanc. Entre les deux faces, cet amour m'a collé quelques grammes de poudre. Il m'aime.

Mes parents m'annoncent leur visite et conviennent avec la direction de la clinique que je sois autorisée à passer une soirée en leur compagnie. L'équipe médicale accepte sans barguigner, car je suis une patiente sur laquelle ils fondent de « grands espoirs de rétablissement ». Mon père et ma mère ont pris leurs quartiers au Ritz, où je les retrouve. Pressés de s'attendrir, ils m'embrassent, ma mère examine mon visage, elle constate combien mes joues ont rosi et mes cheveux brillent. « Tu vas mieux, ma chérie, tu vas mieux, c'est bien ma Marie. » Je me laisse cajoler, complimenter, puis, tandis qu'ils s'habillent pour le dîner, je descends toutes les bouteilles d'alcool de leur minibar. À table, je suis si soûle que je m'écroule dans mon assiette.

Les six mois étant écoulés, je supplie ma mère de me laisser rentrer à Paris. Elle en a parlé au Dr Geberovich, qui organise avec la clinique mon passage dans une famille d'accueil. Un sas de transition, où je ne serai plus coupée du monde, sans pour autant me retrouver projetée dans Paris, la nuit et la poudre. Vingt ans plus tard, je comprends combien cette étape était une idée sage, un gage de la justesse de la thérapie dont je m'inspire aujourd'hui pour soigner mes patients. Bien avant ses pairs, Geberovich avait compris que le sevrage était l'étape la plus commode à obtenir car il suffisait de le forcer, mais que la guérison, en revanche, exigeait un changement de vie radical, un bouleversement à accompagner minutieusement. À dix-neuf ans, je suis encore loin de ces réflexions. Et si j'éprouve le désir que ma mère cesse de se ronger les ongles, je n'ai aucunement le projet réel d'arrêter la drogue. Mais comme on prend soin de ne pas me demander mon avis, me voici installée chez un couple d'agriculteurs de Castelnaudary. Ce ménage n'a jamais eu d'enfants et consacre sa vie à veiller sur ceux que le sort a cabossés. Il accueille des drogués en phase de guérison, espérant qu'ils puiseront dans la simplicité de leur quotidien suffisamment de quiétude pour renforcer leurs défenses. Ces époux ont adopté Mehdi, un garçon dont la mère, toxico séropositive, est morte après avoir fait un séjour chez eux.

Claude, la femme, m'a préparé une chambre lumineuse. Elle est gentille. Je lui explique vouloir maigrir, ayant pris dix kilos à la clinique faute de drogue pour me manger. Pour mon petit déjeuner, elle me cuit un œuf mollet et veille à ce que je ne paresse pas, m'invitant à la suivre à l'étable, dans le poulailler, au marché, à la lessive, dans les prés. Je l'aime bien mais je m'ennuie à périr. Je repère où son mari range ses bouteilles de vin et je les vide une à une. Je ne prends plus de poudre, je n'y toucherai plus jamais. Désormais, je bois. Je m'anesthésie à l'alcool. J'ai changé d'addiction. C'est amusant parce que je suis presque fière de moi : c'est tout de même fort d'avoir arrêté la poudre, non ?

Un matin, je décide de m'enfuir. J'attrape un chaton, né la semaine précédente, je le cache dans mon sac et je pars. J'ai suffisamment d'argent pour m'acheter un billet de train vers Paris. Je n'ai ni remercié, ni embrassé Claude et son mari. Je ne supporte plus leur gentillesse. Quand je repense à cette cure en Espagne et à cette brave famille de Castelnaudary, avec laquelle j'ai repris contact depuis, je réalise que ma mère avait su choisir le meilleur pour me soigner. Cette clinique appliquait des méthodes thérapeutiques adaptées, les soignants étaient de bons praticiens, et l'idée de Geberovich de faire passer les addicts par une phase de réadaptation relevait d'une connaissance fine des dangers qu'encourent les personnes récemment sevrées. J'aurais pu jouer le jeu, accepter ces mains tendues. J'ai refusé ce chemin. Certes, je m'y suis libérée de ma drogue mais j'ai rejeté la guérison. Je n'ai pas osé réparer ce vide secret, je n'étais pas prête à m'affronter. Je voulais être gentille avec ma mère, lui faire plaisir, lui obéir, être sage. Je ne voulais pas arrêter les drogues.

Je vis à Montmartre avec mon amoureux, celui qui m'a envoyé une si gentille carte postale, nous partageons une pièce dans l'appartement que loue le directeur artistique d'une boîte de nuit parisienne. Un jour, il me tend une liasse et me demande d'aller faire quelques courses, notre réfrigérateur est vide. Je n'ai jamais fait ça. Je ne sais pas trop comment procéder. Je prends le métro pour me rendre rue de Grenelle, là où ma mère fait les boutiques. J'entre dans une épicerie fine, réputée pour ses produits d'exception importés des États-Unis, et je dépense tout l'argent contre cinq paquets inutiles : un chutney à la mangue, un beurre de cacahuètes, deux parts de cheese-cake, une sauce barbecue et des biscuits salés. Si je sais faire les courses, c'est que je suis une fille normale, non ?

Vingt ans, jolie et désirée. Des dizaines d'amis insouciants, fêtards. J'ignore d'où me vient l'argent qui me permet d'acheter mes doses, mes habits, mes bouteilles, de régler ma part de loyer et organiser mes voyages, je suppose que c'est mon père. Il doit se dire qu'il vaut mieux alimenter mon compte, que s'il ne le fait pas je trouverai d'autres moyens peu glorieux pour gagner de l'argent, et il a raison. Parfois, la petite boule d'angoisse, tapie au fond de mes entrailles, se rappelle à mon souvenir. Je la fais taire en l'assommant. Elle parvient à s'échapper et, alors que je m'y attends le moins du monde, elle surgit et m'étreint le cœur. Exigeante, affamée, elle semble me crier dans l'oreille qu'aucun cachet, aucune poudre, aucune bouteille ne la fera jamais disparaître. Je dois lui donner de quoi se laisser oublier. Je crois qu'elle grandit, elle s'alourdit. Elle m'avale.

Mes amis ont le toupet de prétendre que je consomme plus qu'eux. Ce n'est pourtant pas ma faute si j'ai besoin de plus de carburant pour m'envoler. Pour m'épargner leurs commentaires, je me cache. Dans une feuille de papier pliée, mes réserves personnelles m'attendent sous un flacon dans la salle de bains. Je prends mille précautions pour y accéder ; j'attends que mon copain dorme ou qu'il sorte, puis je m'enferme à clé, laissant couler l'eau du bain pour donner le change. Mon trésor, je l'ai acheté, j'ai le droit d'en prendre sans qu'on me fasse la leçon. Quelle n'est pas ma colère lorsqu'un jour, je me rends compte qu'il a découvert ma cachette et qu'il s'est permis de m'écrire un message sur la feuille de papier, pour me dire que je devrais prendre garde, que je suis bien trop jeune, etc. Pour qui se prend-il ce monsieur qui consomme juste ce qu'il faut pour imaginer des couleurs ? Je soupèse la feuille, il ne m'a rien pris, je me calme. D'ailleurs, je ne lui dirai rien, je ne lui offrirai pas le plaisir de croire qu'il a trouvé ma réserve secrète, je vais laisser le petit paquet là, bien à sa place sous le flacon, puis je me chercherai une autre planque dans l'appartement. Pourquoi m'énerver alors que je me procure facilement ce dont j'ai besoin ? Dans nos soirées, les garçons fournissent le nécessaire aux filles. Une galanterie entre addicts de bonne famille, la fête est meilleure si tous planent à l'unisson.

Divine cocaïne. Elle euphorise et fortifie, elle embellit, elle efface la fatigue et aiguise le regard. Généreuse poudre qui diffuse sa magie pendant quatre jours, parfois cinq. Mes idées s'accélèrent, mes pensées frétillent, elles courent et percutent. Conviction démente que le monde n'est qu'un jouet dont le mode d'emploi vous est chuchoté, à vous, à vous l'unique maître de l'univers. Miracles que ces éternels instants de puissance. En profiter, en profiter vite pour écrire, composer, jouer, danser et baiser, nos envies s'affolent, si fortes et si pressantes, nos corps se dilatent, ils n'ont ni contour ni finitude. Plaisirs orgiaques. Vite, vite, avant que les mâchoires ne se mettent à grincer, que les muscles ne se raidissent et que l'excitation ne s'engourdisse. Soudain, il fait très froid dans la chambre. L'air hostile tourbillonne, les draps nous menacent, l'exterieur apporte de dangereuses informations, l'ennemi s'est tapi, il me guette, prêt à dévorer. Fermons les volets, les fenêtres. Qu'il fasse nuit, nuit toujours. Douleurs de la descente. Boire l'adoucit, il faut boire, boire encore pour oublier que notre esprit s'écrase au sol. Glacial.

Notre histoire s'est achevée et je ne sais plus si en me quittant mon amoureux m'a dit qu'il en avait assez de ma came… Je me fiche de ses explications. Il me manquera moins que mes doses. Je crois qu'il n'a jamais compris avec qui il vivait. Il aura partagé la vie de mon reflet, il n'aura aimé qu'une jeune duchesse de la nuit. Lui ai-je parlé de ce creux qui m'aspire, de ce vide qui tourbillonne dans ma tête ? Non, je ne l'ai dit à personne. Nous ne parlions pas, nous dansions, buvions, fumions, avalions des trucs qui font planer et dormions jusqu'à la prochaine dose. J'aimais bien cette vie qui m'empêchait d'écouter mon silence. Je retourne chez mes parents.

Je me lève tard, somnolant dans la pénombre de ma chambre, au fond de laquelle je n'attends rien. Mon petit frère m'évite et, dans son regard fuyant, je devine sa peur et voudrais le serrer dans mes bras, lui dire combien il m'importe, mais je n'y parviens pas. Que lui expliquent mes parents pour le rassurer ? Nos repas sont figés, mes parents s'efforçant de maintenir une conversation banale, tandis que Julie boude, qu'Emmanuel se tait et que moi, rassemblant mes dernières forces, j'essaie de ne pas m'écrouler. Notre pièce de théâtre est piteuse. Minable. Ridicule. Pourtant, elle m'émeut. Leur obstination à faire corps me contient, elle me signifie que je suis aimée malgré moi. Fil ténu, ultime, qui me retient parmi les vivants. Pour combien de temps ?

Je dois trouver mes doses, les acheter, les transporter, les prendre, puis taire mes extases et supporter mes descentes. Je n'arrive plus à jouer le rôle de la petite fille sage. Le temps d'un dîner j'y parviens, prétextant une migraine, à laquelle personne ne croit mais qui a le mérite de poser un nom acceptable sur l'innommable. Mon corps me trahit. La mascarade me devient impossible. Sauvez-moi. Non, laissez-moi tranquille. Une fois encore, ma mère prend les choses en main. À sa façon, silencieuse et sans éclat. Elle a trouvé une association de quartier, installée entre la Bastille et la gare de Lyon, dont elle a entendu dire le plus grand bien. Elle a rencontré le psychiatre qui dirige ce lieu thérapeutique pour toxicos de rue, elle a visité la salle, inspecté l'environnement. Je devrais pleurer de gratitude en découvrant que ma mère est allée en cachette visiter cette salle blafarde afin d'arracher sa fille à la mort. Je me contente de me rendre au rendez-vous qu'elle m'a pris. Comme toujours, je lui obéis. Je n'ai nullement l'intention d'arrêter, mais je ne veux pas la décevoir.

Je suis reçue dans une salle nue. Un énorme miroir sans tain occupe un mur. Autour de la table, deux chaises, un micro suspendu au plafond. Le thérapeute me fait asseoir, il m'invite à lui parler. De mauvaise grâce, je marmonne quelques banalités, lorsque soudain une voix d'homme résonne. De l'autre côté du miroir, un psychiatre nous observe et, par l'entremise du micro aérien, nous dirige à distance. Je reprends mon histoire, nouvelle interruption. Le psychiatre caché rabroue le thérapeute, qui aurait dû me relancer sur tel point ou approfondir tel détail. J'ai la furieuse impression d'être un hamster de laboratoire. Je me lève et m'enfuis.

Hospitalisée dans le service psychiatrique de Bichat, je recopie les poèmes d'Anna de Noailles dans un cahier à spirale, espérant ainsi engourdir mon ennui. Un jour, passe un homme, les bras chargés. Je lève la tête, il me sourit. Beau garçon. Ancien pilote de course de moto, il a créé une entreprise de livraison à domicile et vient ici apporter à l'une de ses clientes magazines, fleurs fraîches et chocolats. Luigi m'invite à fumer dans le hall. Nous rions, flirtons. Ses manières sont rudes, son vocabulaire peu soigné, pourtant je les savoure. En choisissant Luigi, je m'éloigne des miens, de leur déception et de leur désarroi. Je fais confiance à sa force têtue. Je sens qu'il me dirigera. Luigi, ma cure. Pour lui, promis, j'arrêterai de boire. Et le reste aussi.

Nous nous installons dans son studio. Je ne le quitte plus, je l'accompagne travailler, attendant des heures dans sa voiture qu'il ait fini ses livraisons. Je m'accroche à son énergie. Luigi m'encourage, je ne bois presque plus. Serait-ce si facile de changer de dépendance ? D'abandonner la bouteille pour un amant ? Luigi est le fils d'un couple de pieds-noirs siciliens. Un garçon volontaire qui, comme tous les hommes que j'ai aimés, entreprend de me sauver. Voilà, il suffit de me couper de mes mauvaises fréquentations et de m'enchaîner à sa vie et je serai guérie. Il appelle mes dealers, mes copains de défonce et leur annonce que la Marie des nuits à paillettes n'existe plus. Plus la peine de me proposer des poudres, des bouteilles, des sorties. Cette Marie-là est restée à Bichat, la nouvelle Marie est à lui, tout à lui, rien qu'à lui. Je le regarde éplucher mon carnet d'adresses, je l'écoute expliquer au téléphone à mes amis qu'ils sont dorénavant supprimés de mon existence. Comme il est fort, Luigi. Il me protège, je me cramponne.

Mes parents demandent à rencontrer mon sauveur. Nous voici dans le grand vestibule de notre appartement, rue de Tournon, affrontant le duc et la duchesse de Noailles, qui s'appliquent avec grâce à ne pas s'offusquer que leur seconde fille vive avec le fils d'un garagiste d'Alger, un gosse de cité élevé à Asnières. Puisque je ne bois plus, ils voudraient passer outre la mésalliance, se contenter du coursier de banlieue. Avec moi, à cause de moi, ils ont appris que l'essentiel est ailleurs. Hors de leur portée. Merci Luigi, disent leurs yeux reconnaissants.

Luigi n'est pas stupide, il sait que ma convalescence est fragile. En cachette, je me sers dans les bouteilles de vin rangées dans le placard de la cuisine. Dans la voiture où je l'attends, je bois et somnole. Luigi décide que nous nous installerons chez ses parents, dans une maisonnette construite pour leur retraite à Six-Fours-les-Plages, dans le Var. Ma nouvelle prison, j'y serai surveillée tandis qu'il travaillera. Je joue avec le chien, j'aide sa mère en cuisine et fais semblant de croire qu'il m'est normal d'éplucher des poivrons et des tomates dans la cuisine d'un pavillon varois en attendant que le coursier de mon cœur rentre dîner. Un soir, dans notre chambre, Luigi soulève son tee-shirt pour me montrer qu'il s'est fait tatouer mon prénom. Il a compris que je ne resterais pas, il voudrait que ces lettres piquées à l'encre bleue sur son torse me retiennent. Je bois. Je pique dans les réserves du père, j'achète des bouteilles en cachette. Je sombre. Luigi-ma-drogue ne me suffit plus.

Une clinique proche de Toulon. Les médecins m'injectent de si puissants tranquillisants que je m'écroule. Un matin, Luigi passe à mon chevet, il m'observe, le front soucieux. Soudain, il hurle, frappe la porte, se jette sur le mur, puis m'attrape. Éructant, il remplit mon sac de voyage de mes vêtements et me sort de la chambre, me tirant dans le couloir puis me forçant à m'installer dans sa voiture. Un patient aurait abusé de moi, me crie-t-il. Je ferme les yeux, je ne sais pas, je ne sais plus. Je veux dormir. J'ai mal aux jambes. Je suis assise dans la cuisine familiale et mon visage tombe sur la table.

L'emprise de Luigi m'exaspère. Il ne comprend pas que je ne peux pas être guérie par quelqu'un, encore moins par quelqu'un qui m'aime avec fougue, quelqu'un qui me façonne. Je ne peux pas être sauvée. Je ne le veux pas. Je veux continuer, m'enfoncer. Julie fête ses trente ans et je trépigne. Paris, mes copains, rien qu'un peu, un tout petit peu, quelques nuits… J'embrasse Luigi, ses parents, le chien, les voisins, et je mens en promettant de revenir bien vite à Six-Fours-les-Plages. Ils font mine de me croire, trop généreux pour me tenir rigueur de mes minauderies d'enfant gâtée. Cette famille, que je fuis à toutes jambes, m'a adoptée et je la trompe. Paris…

La soirée de ma sœur est somptueuse, je retrouve tous mes amis qui me croyaient perdue. Mickael, un très beau garçon, m'invite à passer une semaine dans une maison louée avec des amis, près de Cassis. Il travaille à la télévision, je retrouve des manières qui me sont familières, une aisance, un langage, des vêtements, un confort, tout ce à quoi je suis habituée. Je le rejoins. Au téléphone, Luigi menace de se suicider. Je l'ai déjà oublié. Et je n'ai pas encore compris que Mickael, s'il prononce correctement les liaisons entre les mots, fera comme lui. L'amour inconditionnel en moins.

Mickael me gronde, il me supplie de cesser de boire. Quand je suis trop soûle, il me commande un taxi et lui ordonne de me conduire chez mes parents. Lorsque je me sens mieux, il me reprend, me faisant promettre d'arrêter. Je recommence et me laisse congédier telle une élève indocile. Chez mes parents, je cuve, je dors, je pleure. Le petit chaton s'est enfui depuis longtemps. Nocce, mon bouvier bernois, me veille, me suivant aux toilettes, montant la garde près de mon lit. Mickael prend rendez-vous chez une addictologue renommée. S'il veut que j'y aille, j'irai.

Le médecin, voix sèche, lit ses questions sur une fiche. Pas une minute dans laquelle m'engouffrer pour lui dire que je ne sais pas faire autre chose que boire, que la boisson est mon obsession et que rien, ni personne, jamais, ne pourra m'arracher à cette addiction. Je ne crois pas qu'elle veuille entendre ma complainte car elle détient la solution magique ; une ordonnance prescrivant des antidépresseurs, des somnifères et des régulateurs de l'humeur. Elle me regarde partir sans même me tendre la main. Garce.

Mon dealer m'apprécie, il sait que je paie toujours, en liquide. Avec moi, pas d'embrouille, de crédit, de mauvais coup. Les toxicos aristos ont des avantages patents sur les autres. Je ne suis pas comme ces défoncés qui attendent sur le palier, ces pauvres gars qui volent des poulets congelés dans les supermarchés pour les revendre et s'acheter ici leurs doses de crack. Je trouve l'argent chez ma grand-mère, à qui je raconte que je dois acheter un cadeau d'anniversaire pour une amie, ou bien qu'il me faut un nouveau manteau. Ma grand-mère me croit, elle me donne des billets qu'elle ne compte pas, elle ne met jamais en doute mes mensonges. Quand je suis accompagnée de ma famille, elle se débrouille pour me faire passer de l'argent pendant les repas, des billets froissés dans une serviette de table.

Mes parents ont compris que c'est auprès d'elle que j'obtiens les liquidités dont j'ai besoin. Ma sœur m'a rapporté leurs discussions houleuses. Ma mère s'emportant, reprochant à ma Bonne-Maman d'être en partie responsable de ma déchéance. Mes grands-parents font mine de ne pas entendre. Ma mère a dépêché son propre père, un médecin retraité, pour leur parler. Il rentre piteux, la conversation fut charmante, mais si bien menée qu'il n'a pas trouvé une occasion de leur dire que je me drogue. À son tour, mon père est mandaté pour une mission exceptionnelle : il doit les menacer. S'ils continuent de me donner de l'argent, ils ne verront plus mon frère. Emmanuel, le petit duc de Noailles, l'héritier tellement attendu, ne mettra plus les pieds à Champlâtreux. À douze ans, le voici monnaie d'échange, l'instrument d'un chantage pétri de bons sentiments. Ainsi se règlent les conflits dans l'une des plus grandes maisons de France, lorsque des parents éperdus ne savent plus qu'inventer pour arracher leur enfant au démon.

Ma mère supposait-elle que mes grands-parents accorderaient plus de prix à la présence de mon frère qu'à ma vie ? Faudrait-il, pour qu'ils acceptent la réalité de mon addiction, qu'on les prive de l'unique sujet de leur dynastie séculaire ? Mon frère en échange de moi ? Mes grands-parents ont feint de ne pas comprendre. Un week-end, deux peut-être, Emmanuel fut interdit de Champlâtreux, sans qu'il sache pourquoi on le privait de cette joie. Puis, confrontés au mutisme de mes grands-parents, mes parents ont cédé. Emmanuel est revenu et j'ai continué de recevoir en douce mes billets. « Puisque je vous dis, Nadège, que c'est pour s'acheter des souliers », grommela ma grand-mère. Ils croyaient en moi. Ils ont eu raison.

En descendant l'escalier, ma dose au fond de mon sac, j'entends les pas d'un toxico derrière moi. J'ouvre la porte vers la rue, une voiture de police roule lentement. Rue déserte. Je marche vite, il est trois heures du matin. Je dois semer celui qui se traîne dans mon dos car si nous sommes interpellés ensemble, je prendrais avec lui et, comme il doit cacher pas mal de came dans ses poches, il vaut mieux éviter. J'avance à grandes enjambées, je tourne dans une rue adjacente. Soudain, la voiture de police ralentit à ma hauteur. « Contrôle d'identité, mademoiselle. Veuillez monter. » J'obéis. Tournant la tête, je vois que le type court dans la direction opposée. Les policiers me font asseoir sur la banquette arrière entre deux agents, les portières se verrouillent.

Tandis que leur véhicule roule dans la nuit, je tends mes papiers. Ils s'esclaffent en lisant mon nom et mon adresse. « Alors, la poupée, on traîne là où il ne faudrait pas, hein ? » Ils fouillent mon sac, n'y trouvent rien. Où allons-nous ? Prévenez mon père, il viendra me chercher au commissariat. « T'inquiète poupée, on va gentiment s'occuper de toi. » Par la vitre, je reconnais le périphérique, nous quittons Paris. Ils ralentissent, se garent, éteignent leurs phares. J'ai froid.

Un des policiers est sorti de la voiture. Adossé contre la portière, surveillant que personne alentour ne s'approche, il fume. À l'intérieur, plaquée sur la banquette, je leur dis que mon père les attaquera en justice, qu'ils n'ont pas le droit, que nous connaissons des avocats très puissants, qu'ils seront virés, que s'ils savaient qui je suis, ils n'oseraient pas. Puis je me tais. Attendons que cela finisse, je sais comment faire pour éteindre mon corps. Je me laisse violer. Je ferme les yeux pour ne pas me voir, je m'enfuis dans ma tête. Je grelotte, mes jambes me font mal. Ils me laissent me relever, m'asseoir. Je tire sur mon manteau, je cherche mon sac à main et vérifie que mes papiers sont là. Et ma came aussi, bien planquée. Ouf, ma came. Celle qui va me tirer de cet enfer, celle qui m'a attirée dans ce guet-apens, mais je lui pardonne car c'est elle que je vais avaler vite pour effacer ça, comme le reste, comme tout, comme moi-même. J'ai une dose, une dose pour vivre en étant morte. Mon pull. Voilà, mon pull n'est plus tout froissé. Le policier de guet s'assoit à l'avant, ils mettent leurs ceintures et la voiture démarre. Je voudrais mourir. Trop tard, je suis morte.

Quelques instants plus tard, ils me déposent rue de Tournon. Je me douche en sanglotant. J'ai envie de vomir. Je prends ma came, elle m'emporte, comme mon corps est chaud de nouveau, douillet, il me revient. Depuis mon lit, où je ne dors pas, je guette le réveil de mon père. L'entendant s'installer dans la cuisine, je le rejoins et lui raconte. Ses mains se crispent. Ses yeux bleus effarés me fixent. Papa se tait. Pétrifié, il n'ose pas m'approcher, me prendre dans ses bras, me consoler. Nous nous tenons tous les deux là, perdus. J'ai honte de la peine que je lis sur son visage. Et je ne sais pas quoi lui dire.

Mon père se redresse. Ces salopards le paieront, ils seront révoqués, condamnés, cela ne restera pas impuni, on est en France quand même, pas au Paraguay ou dans une République bananière, c'est insensé. Ils verront à qui ils ont affaire. Mon père est redevenu mon père. Il s'enferme dans son bureau. Je l'entends téléphoner, la voix calme, un peu sourde. L'avocat, qui n'a jamais eu d'affaire de cette espèce à traiter, lui recommande benoîtement de porter plainte au commissariat, dont dépendent ces agents. Nous partons tous les deux. Dans la voiture, nous n'échangeons pas une parole. Au poste, je raconte les faits à un policier goguenard qui tape sur son clavier, en se mordant les lèvres pour s'empêcher de sourire. Mon pauvre père qui a confiance dans la police et dans la justice, Papa qui croit que le monde tient encore droit.

Je n'ai plus jamais fait un pas dans le XVIIIe arrondissement de Paris de peur de croiser mes agresseurs en uniforme. Quant à ma plainte, je suppose qu'elle a fini dans une poubelle.

Ma grand-mère paternelle est mourante, mes parents m'ont appelée ce matin. Bien qu'une grande peine m'étreigne, je ne touche pas un verre d'alcool, je ne prends aucun cachet, comme si la mort de cette femme, qui m'a aimée en refusant de voir le mal qui me tenait, m'obligeait. Ma grand-mère n'a voulu vivre qu'avec Marie la droite, Marie la sage, et c'est elle, sa petite-fille mâchouillant sa mèche de cheveux, qui se rend à son chevet pour l'embrasser une dernière fois. J'avais douze ans quand elle m'ouvrit son placard, me laissant lui emprunter des escarpins à talons, vernis comme toutes ses chaussures. J'enfilai les souliers et je traversai deux fois la rue, m'appliquant à me tenir droite, et je rentrai fière. Dans le regard de ma Bonne-Maman, je n'ai lu que de la confiance. Son aveuglement obstiné me donnait espoir. Si pour elle, Marie a toujours existé, alors peut-être qu'un jour, en sa mémoire, elle pourra ressusciter d'entre les possédés.

Mickael me conduit à l'hôpital. Mes parents tressaillent quand j'entre dans la chambre où agonise mon aïeule. À leurs regards, je comprends qu'ils craignent que je sois soûle. Peut-être se remémorent-ils l'enterrement de mon ami de toujours. Adrien, mort à vingt-cinq ans d'une overdose. Entourée de ma famille, debout dans les travées, j'avais regardé son cercueil, porté par ses camarades, avancer dans l'allée centrale. Soudain, n'y tenant plus, j'avais bousculé la rangée, chuchotant mille pardons pressés, et je m'étais faufilée derrière un pilier. Si Adrien était mort, allais-je mourir à mon tour ? Je m'étais accroupie derrière un confessionnal et j'avais vidé la flasque cachée dans mon sac à main. Mes veines réchauffées, je respirais mieux, puis j'étais retournée à pas lents vers le banc où se tenait ma famille. Je n'allais pas mourir, je boirais et il me serait plus facile de vivre. Ma mère m'avait souri, inquiète. Elle comprenait, elle se taisait. Mon père m'avait pris la main. Adrien était mort et je buvais encore.

J'embrasse ma grand-mère. Elle ne m'entend plus. Je suis perdue.

Je quitte Mickael, et c'est amusant de constater combien mon départ le soulage. Il n'avait pas prévu en s'attachant à la jolie duchesse fêtarde d'avoir à jouer le garde-malade, et il respire, cette servitude prend fin. Quant à moi, pareil. Ras-le-bol de ses sermons, de ses fâcheries et de sa surveillance, envie de m'amuser, d'avoir la paix et de boire. Je retourne vivre chez mes parents qui semblent s'habituer aux allers et retours de leur fille de vingt-cinq ans. Je m'ennuie, je n'ai rien à faire. Je dors, je sors, je bois, je dors, je sors. Je fume, j'avale des médicaments et je dors. Un dimanche, mon père insiste pour que je déjeune avec lui et un jeune historien du ministère de la Culture venu étudier nos archives familiales à Champlâtreux. Allons-y pour le déjeuner d'intellos cultivés, je dois bien ça à Papa. C'est marrant, je crois que je plais à ce jeune homme si sage. S'il savait ce qui m'intéresse moi… Pressée par mon père, qui doit espérer me trouver une occupation, je raconte, non sans coquetterie, m'adonner à la photographie, je me vante de l'avoir brièvement étudiée et d'avoir même envisagé d'en faire mon métier. Quelques jours plus tard, Thierry m'invite à prendre un verre. Je décline. Pas du tout mon genre, ce fonctionnaire bien élevé. Il insiste, réitère sa demande et je finis par accepter. Je suis faite ainsi ; il suffit qu'on veuille fortement quelque chose de moi pour que j'acquiesce. Faire plaisir aux autres n'est-ce pas une façon de les aimer ? Thierry me propose de le suivre en Namibie, il y dirigera le centre culturel, il aura besoin d'une photographe pour monter des expositions, sélectionner des œuvres, animer des équipes d'artistes locaux. Avant de me faire cette proposition, Thierry a pris soin de l'évoquer avec mon père. Obéissante, j'accepte. Maman est d'accord aussi. Elle espère, la pauvre.

Mon père s'est bien gardé de dire à mon employeur que j'ai des soucis avec l'alcool, entre autres. L'information aurait pu le décourager. Thierry n'a pas tardé à le découvrir, d'autant qu'à peine arrivés en Namibie, nous sommes devenus amants. C'est une façon commode de vivre ensemble. J'ai redouté son amour béat et pourtant je m'y suis glissée comme on se contente, de guerre lasse, d'une solution douillette. Je me laisse aimer. Et je travaille, coordonnant des équipes, organisant des tournages, gérant des dizaines de personnes, arbitrant entre des contraintes, des budgets, des dates. Toutes les heures, réfugiée dans les toilettes, je m'accorde la seule chose au monde qui me réchauffe le cœur : quelques gorgées. Voilà qui j'aime, qui m'est tendre et cher, qui me comble et me rassure, qui me connaît en vérité : ma flasque. Dans mon sac à main, je cache mon seul amant véritable. Du matin au soir, je bois. Thierry a compris mais il ne s'inquiète pas. Il se persuade être celui qui me sauvera. Seulement lui s'applique différemment des autres ; il considère mon sauvetage comme l'un de ses dossiers, un peu plus compliqué qu'un autre, certes, mais qui vaut la peine qu'il s'investisse car le résultat sera spectaculaire. En me confiant ces missions artistiques, le jeune fonctionnaire du ministère de la Culture est persuadé que j'arrêterai. L'alcoolisme est un travers dont le travail guérit, car le travail guérit tout. Mickael, Luigi et les autres pensaient que leur amour me sauverait. Ils se trompaient. Ils se trompent tous. J'aime boire et me laisser aimer. Pourvu qu'on me laisse boire.

J'entends qu'un invité demande à Thierry s'il n'a pas autre chose à offrir que des bières et du vin d'Afrique du Sud. Il parle fort, il lève le bras pour tendre son verre en mimant la désolation. Je souris mécaniquement en rapprochant les saladiers sur le buffet, je m'efforce de ne pas regarder dans sa direction, de paraître assurée, de vaquer comme la joyeuse maîtresse de maison que je suis censée être. Je n'entends plus que le cliquetis paresseux du ventilateur, l'air chaud engourdi de cette fin d'après-midi. Pour ce « braaï », comme on appelle en Namibie les barbecues, nous avons réuni la petite communauté de Windhoek : des expatriés, des diplomates européens et quelques artistes locaux, que mon compagnon rencontre lors de ses excursions professionnelles. Thierry rit un peu trop fort. Bien sûr qu'il a autre chose à boire que des bières et du vin, enfin pour qui le prend-on, il sait recevoir tout de même, il n'est pas français pour rien. Il traverse les groupes en parlant gaiement, s'approche du meuble vitré où il range ses bouteilles achetées une fortune dans des magasins où ne se fournit que la communauté étrangère. Un gin tonic, cela conviendrait-il ? L'invité acquiesce. Je dois m'asseoir très vite, ma tête bourdonne. Une employée de maison court vers la cuisine sortir une bouteille de tonic, gardée au frais dans le réfrigérateur. Thierry tient le verre vide dans la main, il ouvre la porte vitrée, attrape la bouteille de gin, la lève dans la lumière. Elle est pleine. Je me suis assise, je ne peux plus parler. Ma voisine me tapote le genou, j'entends vaguement qu'elle me demande des nouvelles de mes expositions, des projets de photographies, je ne la regarde pas, je fixe Thierry. Le verre rempli, il traverse le salon, rejoint la terrasse, il tend le gin tonic à cet homme que je ne connais pas. Celui-ci le porte à ses lévres, il avale une gorgée, la recrache, stupéfait. Soudain, il me semble que tout le monde s'est tu et le regarde. « Mais enfin, Thierry, c'est de la flotte, ton truc ! Tu as oublié le gin. » Mon compagnon fronce les sourcils. Bien sûr que non, il a mis un tiers de gin. Enfin, que croit-il ? Qu'il aurait même oublié comment on compose un gin tonic ? Il s'avance de nouveau vers ce placard que je connais si bien. Il attrape la bouteille, la dévisse, pose son nez, hume l'odeur. Son visage est tendu, il se verse quelques gouttes, les boit. Il comprend. La conversation reprend de plus belle. Je le vois s'approcher de son invité et expliquer je ne sais quoi en riant un peu trop. Ses gestes sont démonstratifs, son rire mécanique. La soirée se poursuit. Il fait très chaud à Windhoek.

Au petit déjeuner, je retrouve Thierry lisant les journaux, il m'embrasse distraitement. En français, langue que ne comprennent pas nos employés, tenant son journal devant ses yeux, il me confie qu'il doit renvoyer la bonne. Je fais mine de ne pas comprendre. Pourquoi la congédier ? Tout est bien rangé, certes elle s'est trompée sur les quantités de mousse au chocolat, mais ce n'est pas bien grave, voyons... Thierry pose son journal. « Marie, si elle boit en cachette nos bouteilles, elle nous vole, je ne peux pas accepter cela, tu le comprends ? » Je murmure qu'elle n'est pas une voleuse. Thierry m'observe, la tendresse de son regard m'insupporte. Pourquoi feint-il de croire que c'est la bonne qui vide ses bouteilles ? « C'est moi qui ai bu le gin. Tout le gin. » Je ne précise pas que j'ai bu aussi le whisky, l'armagnac, le rhum. J'ai tout bu et j'ai rempli d'eau les bouteilles afin qu'on ne remarque pas qu'elles sont vides. Il ne se met pas en colère, il ne saurait d'ailleurs pas comment s'y prendre, il finit son thé. Je tourne la cuillère dans ma tasse et je me dis qu'il se comporte avec moi comme ma mère, conservant en plein naufrage une maîtrise de ses émotions qui m'écrase, comme si leur discipline souriante pouvait effacer ma faiblesse, comme si, à les admirer, ainsi drapés de dignité, je devrais me sentir honteuse d'être si fragile. En silence, Thierry attrape sa sacoche, il me serre dans ses bras en me chuchotant que nous reparlerons de cela ce soir. Le directeur trentenaire du centre culturel franco-namibien embrasse sa fiancée qui a vidé en cachette l'intégralité de son bar à alcools et se peigne devant la glace en rajustant sa cravate. Il m'aime. Je m'en fiche, je n'ai plus rien à boire.

Je ne sais plus photographier. La drogue a abîmé mon œil. Enfant, la beauté d'un paysage, un coucher de soleil en Afrique où j'ai souvent voyagé en famille, une visite au Prado, la découverte des tableaux du Greco me ravissaient. Contemplant une œuvre ou une lumière, j'avais connu des éveils spirituels puissants, des transes qui avaient surpris mes proches. Je ne parvenais pas à les partager. Elles m'emportaient, elles me transperçaient, m'irradiaient. Des émotions qui me sont devenues inaccessibles, comme si mes sens s'étaient émoussés. Tout comme ma mémoire, ma perception du temps, mon regard, mon affection, ma curiosité. J'ai consommé des drogues pour retrouver ces sentiments, les sentir renaître, or je les ai tués. Je n'éprouve rien. Plus de plaisir, plus de jouissance, plus d'amitié. En accompagnant Thierry sur les routes de Namibie, en arpentant à ses côtés le désert, la savane, les plages du Mozambique, je pleure de ne plus être capable d'immortaliser la beauté du monde, la perfection du Créateur. Alors, je bois.

Ce n'est pas sans poser d'épineux problèmes. Nous accueillons un couple d'archivistes, venu de Nantes, pour des recherches documentaires, et les emmenons en excursion. Des heures de pistes sableuses, entassés dans notre 4×4 à air conditionné. L'alcool est une drogue compliquée, car il est malcommode de transporter des bouteilles sans se faire remarquer. Elles prennent de la place, tintinnabulent et se cachent dans une valise placée au fond d'un coffre, donc hors de portée. En montant dans la voiture, je décide de m'en passer. J'ai bu avant le petit déjeuner et je tiendrai jusqu'à notre guest-house. Très vite, mes mains tremblent, je respire mal, j'ai très chaud puis je grelotte. Assise à l'arrière, je me mets à pleurer, je suffoque. L'archiviste nantaise s'affole, persuadée que je fais un malaise vagal, elle ouvre mon chemisier, me fait boire un peu d'eau. Je hurle, je m'agite, je transpire. Thierry aperçoit la grille d'une propriété qui ne paraît pas gardée par des vigiles, il entre. Nous roulons des kilomètres jusqu'à rejoindre la demeure principale. Il sonne à la porte en appelant au secours. On nous fait entrer. Je peux à peine marcher. Notre hôtesse, une dame flegmatique, m'isole et me donne des comprimés homéopathiques. Je lui murmure que je voudrais plutôt un verre d'alcool. Elle m'apporte une bouteille, je bois goulûment. Je sens mon corps s'apaiser, mes tremblements s'espacer, je reprends conscience, je ne transpire plus, épuisée. Nous reprenons la route. Le soir, sur le balcon de notre guest-house, Thierry me supplie d'accepter de me soigner.

J'approuve. Je suis habituée à devoir en passer par là. Pause détox obligatoire. Il a payé ma place dans une clinique, dirigée par un médecin namibien, où sont regroupés huit autres alcooliques. L'endroit est miteux, il y fait terriblement chaud. J'ai de douloureuses crises de manque, Thierry m'apporte un tube de Valium. Au bout de deux semaines, je fais mon sac et je pars. J'appelle ma sœur : « Julie, je veux arrêter. Demande à Papa. » Mes parents me trouvent une place dans un avion pour Paris et je m'enfuis, écrasée de chagrin de n'avoir pas su saisir cette chance que m'offraient l'Afrique, l'amour naïf de Thierry et la photographie.

Je vais me concentrer, oublier la savane et les bouteilles de gin, ne plus pleurer en rêvant aux plages du Mozambique et à la bienveillance de Thierry. Je ne dois pas gâcher cette opportunité. Obtenir une place dans le centre Betty Ford, cette clinique californienne réputée, est rare ; je dois me donner toutes les chances d'en profiter. Papa, cette fois encore, accepte de payer. Je ferai ici comme j'ai toujours fait, j'obéirai, je suivrai les cours, j'accepterai les conseils, je serai la plus obéissante des addicts. Je me laisserai prendre, diriger, conduire, comme toujours. Ils me guériront, c'est certain. Je balaie toutes mes angoisses, mes échecs, mes vertiges, j'efface de ma mémoire les douceurs de l'ivresse, je me compose le visage d'une patiente méritante. Je guérirai. Oui, guérissons puisque la Californie est chaude, mes parents si tristes, la cure si chère et l'avenir si sombre. Guérissons, que faire d'autre, si je ne peux plus boire ?

Trois jours durant, je somnole dans ma chambre de désintoxication, tandis que mon corps s'accoutume à la privation. Je ne pense à rien, je flotte, j'attends, livrée à mon sort. Une infirmière guette une éventuelle crise de convulsions, fréquente lorsqu'on est brutalement sevré. Dans mon bras, une perfusion veille à ce que je sois hydratée. Je prends des vitamines et des tranquillisants. Une prescription de neuroleptiques me sera administrée pour m'épargner les hallucinations fréquentes dans les phases de manque. Le quatrième jour, une aide-soignante m'apporte un bouquet de fleurs fraîches. Comme il est attentionné de saluer ainsi mon effort ! Je me rassois, je prends une douche et je m'habille. Je suis épuisée mais j'entends mieux, je distingue que des grains de poussière dansent dans les rayons du soleil. Mon esprit est clair, il paraît avoir fourbi des armes car, dès que l'idée d'une gorgée d'alcool le traverse, je le sens la refuser, fermement. Serais-je devenue un être doué de volonté ? Marie sait-elle dire non ? Ces fleurs sont belles, je respire leur odeur sucrée et m'aperçois qu'une carte de visite est agrafée au bord du papier qui les entoure. Je l'attrape. Thierry m'a fait porter ce bouquet. C'est lui, sa tendresse et sa confiance naïve qui, depuis Windhoek, m'ont surprise au réveil dans ma chambre silencieuse de Palm Desert. Ces fleurs m'agacent. Je n'ai pas de passé.

Dans l'aile où je vis ne sont accueillies que des femmes ; Texanes splendides débarquées de leurs ranchs, où elles noyaient leur ennui dans la tequila, princesses indiennes dont les visages ne laissent en rien deviner le taux d'alcoolémie, mères de familles du Moyen-Orient et des quadragénaires blondes qui se tuaient au crack en attendant que leurs enfants rentrent de l'école. Toutes à mon image : jolies, jeunes, bien élevées, riches. Et défoncées. Lorsque, dans une famille américaine, un membre devient accro à l'alcool, aux médicaments, à l'héroïne ou à un psychotrope, ses proches mandatent un thérapeute. Pendant quatre jours, il s'installe à demeure et les observe, muet. Le quatrième jour, la famille se réunit autour d'un repas. Le thérapeute prend la parole et invite alors chacun à déclamer à haute voix sa lettre écrite à l'intention de celui qui se drogue. Quand chacun a passé son tour, le thérapeute propose à l'addict – qui peut être le père de famille, la mère, un des enfants – une alternative : soit il prend sa valise et part à tout jamais, soit il accepte d'être pris en charge pour se faire soigner.

La méthode de « l'intervention » est si commune aux États-Unis qu'elle est devenue le sujet d'une émission de télé-réalité. Beaucoup de mes compagnes de Betty Ford, ces mères de famille au brushing ondulé, ont, lors d'une « intervention », été mises à la porte de leur maison par leur chère famille. Je m'amuse à imaginer le thérapeute qui se serait installé rue de Tournon pour observer le ballet maîtrisé de mes parents, la prestance de mon père, la tendresse muette de ma mère, les petits caprices de Julie, l'incompréhension d'Emmanuel, mon frère chéri.

J'écoute les conférences éducatives que nous dispensent les meilleurs spécialistes américains de la dépendance. La lecture de *Drop the Rock*[1], un ouvrage écrit par un collectif de thérapeutes, me bouleverse. Ce livre, non traduit en français, compare la vie à un sac à dos. Chaque épreuve l'alourdit d'une pierre ; un deuil, une perte, une meurtrissure, un échec, autant de « rocks » qui s'accumulent au fond du sac. Si le marcheur n'apprend pas à saisir chaque caillou de l'existence et à le reposer au bord du chemin pour continuer sa route, s'il ne sait pas travailler et tenir à distance ses traumatismes, le sac l'écrasera, son poids l'empêchant d'avancer. C'est

1. *Drop the Rock, Removing Character Defects*, Bill P., Todd W., Sara S., Second Edition, 2009.

là que poindra la tentation de s'en remettre à une drogue. Un verre, un comprimé, une seringue, et le sac s'allège, se dissout, s'envole. Il disparaît. J'essaie de comprendre quel « rock » m'a fait, à l'âge de quatorze ans, trébucher au point de fumer un joint, un deuxième, un troisième et ne plus pouvoir m'en passer. Ma rivalité avec Julie ? J'aime ma sœur. La froideur de ma mère ? Maman m'aime et je l'aime. Quel est ce fardeau que je n'ai su porter ? Et si c'était moi, moi seulement, moi la Marie sensible, émotive, maladivement désireuse d'être aimée et persuadée toujours de ne l'être pas assez et certainement moins que les autres ? Je comprends que je suis mon propre caillou. Je suis le rock qui alourdit mon sac. Rien ne sert de chercher le pourquoi, de s'attacher à découvrir quel événement, quel traumatisme, quel deuil m'aura blessée au point de m'en remettre à une drogue ; cela ne me fera pas arrêter de consommer. Je ne sais pas « pourquoi » je me suis droguée. Je n'ai aucune raison. Aucune explication. Je suis une enfant choyée, j'ai grandi dans la sécurité, mes parents m'ont toujours entourée. Rien ne justifie que je sois tombée dans cet enfer, si tôt, si vite, si loin. Ma faiblesse émotionnelle m'a conduite jusqu'à la drogue. C'est elle, c'est moi. L'addiction peut être maîtrisée par le sevrage, la vulnérabilité demeure. Enorme caillou que je dois transformer.

Je progresse. Une lumière se fraie un chemin. Pour la première fois, je me dis que je pourrais guérir. Ce manque qui m'aspire pourrait se combler autrement, se remplir d'une Marie solidifiée parvenant à puiser en elle-même de quoi affronter ses peurs. Je sens que je reviens m'habiter.

J'ai mal au ventre depuis plusieurs semaines et je consulte un médecin du centre qui diagnostique une infection sévère et recommande de me faire opérer à Paris. Je dois quitter l'établissement Betty Ford et cet espoir naissant de guérison. Par téléphone, je demande à ma mère, en prévision de mon retour, de bien vouloir vider ma chambre, de trouver toutes mes cachettes d'herbe, de cachets, de bouteilles, et de tout jeter. Merci Maman.

Heureuse d'avoir retrouvé mes parents, d'avoir dîné avec eux en ne buvant que de l'eau et du Coca, je retrouve ma chambre. J'ouvre le tiroir de ma table de nuit. Ai-je déjà commencé de chercher ? Ou bien ai-je voulu vérifier que tout était parti ? Une plaquette de médicaments a échappé à la razzia maternelle. Je la saisis, je la repose. Dieu me tente. Je résisterai. Je rallume la lumière, j'attrape la plaquette. Non, je serai forte, très forte. Je la jette loin de mon lit. Je ne trouve pas le sommeil. Je ne pense qu'à ces cachets. J'éteins, je rallume, je prends la plaquette, la triture, la repousse, la serre dans mon poing. Je transpire.

Le lendemain matin, je me persuade qu'un demi-cachet ne pourra me faire que du bien. À midi, un cachet. Puis un deuxième. Je replonge.

La fête est finie. Mes parents ont exigé de moi qu'une fois par semaine je me rende au cabinet de Nathalie, une psychothérapeute chaleureuse. Certains lundis, je m'exécute et, assise en face d'elle, je la supplie en sanglotant d'inventer une issue, de produire le miracle qui me libérerait. Souvent, je suis incapable de me traîner jusque chez elle, je ne prends même pas la peine d'annuler. Je dors, réfugiée dans mon lit, volets fermés. Je sens que ses soins psychologiques sont inutiles, ils ne parviennent pas jusqu'à moi. Nathalie est désemparée et je m'enfonce. Je voudrais mourir. Non, pas mourir mais ne plus vivre, oui c'est ça, ne plus vivre avec ce vide qui m'avale, ne plus vivre avec moi-même. Je n'en peux plus. Nathalie me fait hospitaliser dans un service psychiatrique à Paris, où, comme d'habitude, je suis gavée pendant six semaines de médicaments. Cette fois, je n'attends même plus que la cure s'achève, je m'enfuis.

Ce soir, je suis arrivée à la fin de mon voyage. J'ai vingt-neuf ans et je voudrais que tout s'arrête. Que ma vie s'efface, que je n'existe plus. Je suis à bout. Il est tard, je rentre dans la chambre de mes parents. Je ne sais pas trop ce qui me pousse à aller les déranger tandis qu'ils se couchent. Je capitule. Je me rends à leur amour fatigué, j'abandonne. Je n'ai plus qu'eux pour m'arracher à cette agonie. Ma mère n'est pas surprise. Immobile, d'une voix calme, égrenant ses mots comme s'ils étaient les derniers qu'elle puisse prononcer, elle m'informe que mon père est disposé à payer une cure et que ce sera la dernière. Ma chance ultime. Leur main tendue avant la chute. Mon père, debout dans la pièce, attend. Comme elle l'a si souvent fait, ma mère a tout préparé. Le centre de cure se trouve en Angleterre, dans la banlieue de Bristol. Une de leurs amies, l'épouse suisse d'un collectionneur d'arts, qui a arrêté de boire depuis dix ans, le leur a recommandé. Ma mère ne s'encombre pas d'arguments. Je peux partir le lendemain si je le souhaite. J'approuve sans poser aucune question. Leur volonté est la seule qui me tienne debout, leur amour mon dernier spasme de vie.

L'avion décolle en fin de matinée. Ma mère m'empêche de quitter la maison, elle sait très bien que si je fais un pas dehors, mes démons me retiendront. J'ai envie de lui échapper et pourtant, trop faible pour m'évader, je reste là, prostrée. L'heure est venue de me conduire à l'aéroport. Aux contrôles de sécurité, ma mère me tend mon passeport, me serre dans ses bras. « Marie, nous t'aimons. C'est ta dernière chance. » Puis, sans une larme, sans un regard, elle me quitte. Elle me remet ma vie. Je me sens défaillir. Je voudrais qu'elle me serre dans ses bras, qu'elle me câline, qu'elle me console, m'encourage. Je voudrais qu'elle ait pitié de moi. Je marche vers les boutiques duty free et m'achète un quart de litre de whisky que je descends d'une traite avant de rejoindre mon avion. À peine suis-je assise dans mon siège que je perds connaissance.

Je n'ai aucun souvenir de ce vol. M'a-t-on soignée, donné des claques pour que je me réveille, a-t-on cherché un médecin ou bien attendu que la soûlarde en talons aiguilles ait fini de cuver ? Une hôtesse me secoue pour m'avertir qu'il me faut quitter la cabine. Je la fixe, j'attrape mon sac à main et je sors d'un pas chancelant. Hagarde, je retrouve les trois jeunes filles mandatées par le centre pour m'accueillir : deux Anglaises et une Suisse francophone. Sans prononcer un mot, ni prendre la peine d'esquisser un sourire, je me traîne jusqu'au taxi, où je m'endors. Je me réveille dans un lit, dans lequel j'apprendrai plus tard qu'il avait fallu me porter.

Le centre Western Psychological and Counseling Services, à une heure de Bristol, dans le Somerset, occupe une dizaine de maisons au cœur de Western Supermare, un bourg en bord de mer. La maison où je suis installée accueille des patients en phase primaire, c'est-à-dire durant les trois premiers mois du sevrage ; des Anglais, pour la plupart, qui, suite à une injonction de justice leur offrant le choix entre une peine de prison ferme ou une obligation de soins, échouent ici. Ils parlent un anglais vulgaire et agressif, leurs mines sont patibulaires, ils m'effraient. Suis-je vraiment comme eux ? Je partage ma chambre avec la Suisse francophone venue me chercher à l'aéroport, qui hurle de rire en racontant avec malice comment, à mon arrivée, j'étais incapable de marcher droit. Un employé du centre m'informe des trois règles de l'établissement : il est interdit de consommer de la drogue ou de l'alcool, interdit d'être violent, interdit d'avoir des relations sexuelles. Le psychiatre, un Pakistanais, m'administre du Valium et me donne une plaquette de gélules de vitamine B12. J'ai droit à une semaine d'aide médicamenteuse, pas un jour de plus. Je ne serai pas soignée ici comme je l'ai, tant de fois, vainement été en France. Je ne serai ni shootée, ni abrutie, ni consolée. Je devrai survivre, nue et misérable. Ma dernière chance.

Première réunion. Un thérapeute nous compte à voix haute : « Un, deux, trois, quatre, vous êtes dix. Si vous continuez la came, trois d'entre vous crèveront. Trois vont y laisser leur peau. Donc, soit c'est foutu pour vous, soit vous essayez de vous en sortir. Vous avez le choix entre trois solutions : la prison, la morgue ou les institutions comme la nôtre. Qui veut crever ? Qui veut s'en tirer ? » Il quitte la salle. Il n'a rien ajouté pour nous rassurer ou nous encourager, il s'éloigne. Je ne ressens rien, abasourdie par sa claque. Ce n'est pourtant que la première. Deuxième réunion. Même assemblée, même thérapeute, même salle. « Chacun d'entre vous rédigera une liste mentionnant quatre-vingt-dix exemples de consommation et leurs conséquences sur sa famille, ses amis, son travail, sa vie amoureuse. Je vous donne des exemples. Ils devraient vous rappeler des souvenirs. Tiens, le jour où j'étais tellement soûl que je me suis fait renverser par un Solex dans la rue, le jour où j'étais tellement défoncé que je n'ai pas réalisé qu'un type me forçait dans les toilettes, la fois où j'avais tellement envie de came que j'ai piqué de l'argent dans le porte-monnaie de ma grand-mère aveugle… Vous avez compris ? Et puis pas la peine de tourner autour du pot ou de prendre des gants, soyez parfaitement sincère avec vous-même. Et n'essayez pas de mégoter, il faut quatre-vingt-dix exemples, pas un de moins. Compris ? On est lundi, jeudi à 10 heures, j'attends vos listes. » Ma tête tourne. Que vais-je écrire ? Je ne me souviens de rien.

Je passe plusieurs soirées, assise à la table de la pièce commune, pour parvenir à rassembler mes hontes, que ma mémoire avait consenti à stocker dans le dernier de ses tiroirs afin, brave fille, de m'épargner un peu. Ma recension est atroce. En la relisant à voix basse, je mesure ce que je me suis infligée et me prends à m'en vouloir de m'être à ce point maltraitée. Pourquoi m'avoir fait subir ce que je n'imposerais pas au pire de mes ennemis ? Je me déteste et j'ai pitié de moi, je voudrais tout à la fois me punir et me consoler, me frapper et me prendre dans les bras. En moi depuis dix ans se sont battues deux personnes, l'une prête à tout pour consommer et l'autre résignée à dépérir. Laquelle des deux me ressemble ? Aucune, ce n'est pas moi qui ai vécu ce que je viens d'écrire, non ce n'est pas moi qui ai tant souffert et fait souffrir, je ne suis pas celle-là, je suis une personne digne, sensible, courageuse, laissez-moi sortir, rendez-moi ma vie.

Le thérapeute nous attend pour partager à voix haute ce qu'il nomme notre « histoire de vie » et que j'appelle moi le « second exercice sadique » imposé par ces tortionnaires qui affirment nous guérir en nous humiliant. Après avoir souffert mille morts à collecter mes quatre-vingt-dix exemples de consommation, il me faut cette fois raconter par écrit et en pas moins de dix-huit pages ma biographie. Mon enfance, mes joies, mes blessures, mes échecs, mes parents, ma famille, puis ce premier joint, le deuxième, l'insolente conviction que je ne suis pas toxico, la descente folle, cette course honteuse vers l'abîme, les intestins qui se détraquent, la libido erratique, les cheveux qui tombent et les billets piqués dans la commode de l'entrée. J'ai passé plusieurs jours à rédiger ce récit, obligée, afin de parvenir à remplir la distance exigée, à ne rien omettre de mes dix misérables années d'addict. C'est mon tour, j'attrape ma feuille, je me lève pour me mettre au centre du cercle. Je me sens très mal, je vois l'hostilité de mes compagnons de galère, tous me détestent ; je ne suis pas comme eux, je suis une gosse de riche, qui n'a pas connu la vraie came, celle qui vous mène en quelques semaines à vendre vos fesses ou les bijoux de votre voisine handicapée. Je tâche de ne pas les voir, de faire comme s'ils n'étaient pas là, ricanant d'avance, excités par mes confessions. Je lis à toute allure mon texte lorsque soudain ma voix déraille puis se carapate. Mon corps refuse de m'accompagner dans cet exercice de contrition publique, mes lèvres s'ouvrent dans le vide, je tousse sèchement et cours me rassoir. Sur ma chaise, je sanglote, le visage entre mes mains. Qu'on m'arrache d'ici ! Papa, Maman, je vous en supplie, venez, venez, ils vont me tuer. Personne ne me console, ne me plaint, personne ne s'apitoie. Pour la première fois de mon existence, je me confronte à moi-même. La parole est au patient suivant.

Je n'en ai pas encore fini, je dois écouter les lettres de réponse rédigées à mon intention par mes camarades. Il y a encore quelques secondes, je pensais que le pire était atteint, je me trompais ; il est possible de souffrir plus encore. Chacun son tour, ils se précipitent pour se moquer de mon confort parisien, de la fortune de mes parents, de mes voyages, de mes chevaux, mes cures, mes copains, mes fêtes, tout ce qu'ils devinent à travers mon « histoire de vie ». Ces toxicos des rues, ces gosses qui, pour la came, ont volé, attaqué, blessé, m'insultent. Ils méprisent mon statut de dépendante à privilèges. Cet après-midi, ils veulent me faire payer ce que jamais je n'ai dû endurer pour me procurer mes doses. Je ne suis pas des leurs. L'atelier est fini, je quitte la salle.

Chaque matin, vers 8 h 15, un assistant nous emmène jusqu'au centre principal, où nous demeurons enfermés toute la journée après avoir, au premier étage, émargé le registre de présence. Nous sommes répartis en groupes, et les ateliers, entrecoupés d'une pause sandwich en guise de déjeuner, s'enchaînent. Je n'ai pas le choix, je dois m'en accommoder, m'adapter, donner le change. Si, gavée de substances illicites, je suis parvenue à ouvrir le Bal des débutantes, je serai sûrement capable de passer ici pour une toxico des faubourgs, hormis l'accent cockney auquel ma bouche se refuse. Caméléon, je m'invente des vols, des bagarres, des descentes de flics, des scènes imaginaires que je confie petit à petit. J'ai si peur de mes camarades et tellement besoin qu'ils m'acceptent parmi eux, que je m'entends déblatérer ces faits insensés, prête à tout pour gommer mon image de jeune fille bien élevée, pour les rejoindre dans une fraternité secourable. Voici vingt ans, je recopiais des poèmes pour faire plaisir à mon grand-père, désormais je vole des drames pour ces délinquants aux dents noires.

Chaque matin, je suis notre surveillant qui nous conduit jusqu'au bâtiment où ont lieu ces ateliers. Comme un robot, je signe le registre, puis j'attends que le temps passe. Qu'une solution advienne et m'arrache à cet enfer. Je me traîne d'atelier en atelier, attendant qu'un miracle m'enlève à cet endroit. On nous distribue avec parcimonie des pièces de 90 centimes. Je les collectionne. J'avais l'intention de m'acheter de quoi boire, mais je décide de reporter un temps ce projet et de me servir de cette monnaie pour appeler mon père, que je dois supplier de me laisser partir d'ici.

— Papa, je t'en prie, laisse-moi revenir, c'est atroce, il n'y a que des anciens taulards, des gens sans dents, c'est dangereux, je t'en supplie !

— Je te passe ta mère. Je t'embrasse, Marie.

— Marie, ma chérie, la direction de ton centre dispose d'un billet aller et retour pour toi. Donc si tu veux rentrer, tu rentres. Il n'y a pas de problème. Simplement, tu ne reviendras pas à la maison. En ce qui nous concerne, je te l'ai dit, c'est ta dernière chance, ta dernière cure. Choisis, ma chérie. Je t'embrasse. Au revoir.

Je me précipite vers ma chambre, ouvre mon placard, cherche mon calepin. J'ai une idée, je sais qui va me tirer de là : Harry S.-P. viendra dans son Aston Martin, il m'emmènera dans son manoir, je boirai avec lui des whiskys devant la cheminée en caressant ses chiens de chasse. Argenterie, velours côtelé, et Cointreau, je retrouverai ma vie. Harry, le numéro d'Harry. Je fouille, je jette mes vêtements, vide mon armoire, renverse mes livres, ouvre mes cahiers. Pas de calepin. Je soulève mon matelas, examine ma table de nuit, mon bureau, repars à l'assaut de mes vêtements. Pas de calepin... Je m'effondre sur le sol. Je suis condamnée. Foutue. Et puis, non. J'ai une idée. Maman m'a dit qu'il y avait à ma disposition un billet d'avion retour, je vais le chercher. À Paris, je trouverai des amis pour m'héberger. Je fonce vers le bureau de la psychiatre en chef, je frappe, me recoiffe rapidement et, à son appel, entre, tâchant de paraître calme :

— Bonsoir madame, je voudrais rentrer à Paris. J'ai téléphoné à mes parents, ils sont d'accord et m'ont dit vous avoir laissé un billet d'avion à mon nom. Puis-je l'avoir ?

Sylvia, une grande femme, les deux avant-bras tatoués, me dévisage. Elle m'indique un siège. Je me pose sur le bord, le corps tendu vers elle. Elle ne sourit pas, ouvre un dossier, puis me tend une chemise cartonnée.

— Tiens, voilà ton billet, je te le montre. Maintenant assieds-toi plus confortablement et écoute-moi bien, me dit-elle de sa voix rauque. Je vais te dire quelque chose, ma fille. Tu as de la chance d'être là. Moi, j'ai vendu mon cul à cinq livres la passe pour m'acheter de la came. Tu m'as bien entendue ? Cinq livres mon cul. Et maintenant, regarde où j'en suis. Donc ton billet retourne dans le tiroir et tu te bouges ma belle. N'essaie pas de m'avoir. Compris ? Ton billet, je peux le déchirer.

Sylvia détient mon billet, elle ne me le donne pas. Elle a mon billet, elle va le déchirer et elle se permet, cette traînée, de trouver que j'ai de la chance ? Je me lève. Sans la saluer, je pars en claquant la porte. Il faut que je trouve à boire. Je suis coincée. Je ne téléphonerai plus à personne, je garderai les pièces pour trouver de l'alcool. Voilà, c'est la solution. Pour le reste, je trouverai bien un plan.

Dès le lendemain, je reprends les ateliers. Mine docile, esprit furieux. Je sais faire. Je hais ces gens. Interdit de se rendre seul quelque part. Aucune échappatoire. On se déplace toujours par trois. C'est la règle, sous prétexte qu'un patient ne sera jamais aussi fort que l'addiction d'un autre patient. En clair, ça veut dire que l'un des addicts en sevrage pourrait parvenir à séduire un accompagnateur et en profiter pour s'acheter sa came, mais qu'en revanche il aura du mal à en embobiner deux d'un coup. Aussi, nous nous surveillons, nous nous contrôlons, nous nous méfions les uns des autres. Je suis coincée. Je ne veux pas rester prisonnière ici.

De mauvaise grâce, je participe aux ateliers, j'écoute les discours, j'exécute leurs exercices. Rétive et contrainte. Pourtant, voici que certaines de leurs phrases, échappant au filtre de ma colère, se faufilent jusqu'à ma conscience et me surprennent : « Si tu suis notre programme, même tes rêves les plus fous deviendront réalité, tu pourras devenir tout ce que tu veux. » Je ressasse ces paroles en dévisageant nos thérapeutes : la psy en chef qui se prostitua pour acheter ses doses, ce thérapeute sorti de huit ans de prison, cette soignante à laquelle furent retirés ses enfants. Tous furent vautrés dans la dépendance et sont parvenus à s'en extirper, à devenir ces hommes et ces femmes libres, instruits, qui aujourd'hui nous soignent et nous guérissent. Est-ce possible que je m'échappe comme eux ?

Les repas sont mauvais, les journées monotones, les services pénibles. Chaque samedi matin, nous devons participer au grand ménage et choisir entre laver les carreaux, nettoyer la cuisine et les toilettes, épousseter et passer l'aspirateur. Nos corvées sont examinées par un psychologue qui nous ordonne de recommencer s'il estime le résultat insatisfaisant. Après le dîner, cuisiné dans notre maison par l'intendante, nous avons la permission de regarder la télévision pendant une heure trente. Le choix du programme est voté à main levée. Parmi nous à demeure, un assistant thérapeutique fouille notre courrier, surveille nos placards, nous parle et nous encourage. Étrangement, je réalise que l'envie de boire s'estompe. Elle surgit de moins en moins violemment, de moins en moins souvent. Pour guérir de l'addiction, il est faux de penser qu'il suffit de vouloir pour pouvoir. Je suis la preuve du contraire. Il faut être acculée, contrainte.

Mes trois mois de cure « primaire » sont accomplis. J'ai le droit d'aller faire des courses en ville, chaperonnée par deux patientes en cure « secondaire ». Nous nous promenons dans les rues de Western Supermare, excitées d'être, pour quelques heures, autorisées à voyager dans le monde des sobres. Je ne sais par quel hasard, je parviens à entrer seule dans une maison de la presse pour m'acheter des cigarettes. Dans la petite boutique sombre, je réalise me trouver dans un magasin qui vend des mignonnettes d'alcool fort et avoir de l'argent, un sac pour les cacher. Mes camarades qui me surveillent m'ont oubliée. Je peux m'acheter à boire. La tête me tourne un peu, je respire profondément pour apaiser mes nerfs. Je n'ai pas envie d'alcool. Je pourrais, je ne veux pas. Je règle mes paquets de cigarettes et ressors, déstabilisée par cette personne méconnue qui me dirige. Qui est cette Marie capable de dire non ? Le soir venu, je confie ce renoncement à Jane, ma « marraine », une patiente en phase secondaire depuis plus d'un an. Elle me sourit. « Marie, pourquoi es-tu si étonnée ? C'est toi qui as dit non à l'alcool. » Oui, c'est moi. Comme c'est étrange.

Pour la première fois, mes parents ont la permission de me rendre visite. Bien que je ne puisse jamais être seule avec eux, je me réjouis de les revoir. Ils arrivent à la nuit tombée dans notre maison, mon groupe les accueille dans le hall, les dévisageant avec curiosité, éberlué par leur allure. Dans le taxi qui nous conduit au restaurant, en français afin de n'être pas comprise de mon chaperon aux piercings dans les paupières, ma mère se tourne vers moi, pleine de sollicitude : « Marie, t'es-tu fait des amis parmi tes nouveaux camarades ? » Je lui souris. Je pourrais lui répondre que rien n'est mieux partagé que l'addiction, qu'elle frappe les riches comme les pauvres, les aimés comme les abandonnés, les filles de duc comme les fils de pute. Rien n'est plus démocratique que la toxicomanie. Je me tais. Ma mère n'a pas compris d'où, lentement, je m'éloigne. Notre dîner est paisible et je distingue dans leurs regards inquiets une frêle lumière, comme s'ils s'autorisaient à croire un tout petit peu à la résurrection de leur fille. Nous ne parlons pas de la cure, des soins, des ateliers, mais ils me donnent des nouvelles de mon frère, de ma sœur, de nos amis, de Champlâtreux, des chevaux, des matchs de polo. Des travaux dans les écuries. Une belle course dimanche dernier à Chantilly. Je les écoute et si ce monde – le mien, le nôtre – me paraît à des millions de kilomètres, son évocation me réconforte. Dehors rien n'a bougé. Pourrai-je m'y faire une place ? Le lendemain matin, ils viennent me dire au revoir dans le hall de la maison. Ils n'ont pas le droit de prolonger leur visite, c'est la règle. Nous nous embrassons tendrement, et cela fait bien longtemps que je n'avais pas eu autant envie de leurs bras serrés contre mon corps, de redevenir la petite Marie mâchouillant sa tresse, la petite Marie qui cherche sa place dans le monde.

Le jour de mon arrivée dans le centre, j'ai été photographiée. Je n'en ai aucun souvenir, le résultat n'a pas dû être très joli. En fin de programme « primaire », seize semaines plus tard, je suis de nouveau prise en photo. Un thérapeute me présente les deux images, la première et la dernière, celle avant la cure, celle après quatre mois de sobriété. À l'instar de toute la philosophie de la maison, la confrontation est violente. Je me regarde voici une éternité : les yeux éteints, le visage creusé, toute méfiance et épuisement, une gueule d'alcoolique, amochée, ridée, les cheveux filasse. Je suis maigre, le regard vide. Marie hostile. Et puis ce matin, mon visage. Une nouvelle moi, revenue des abysses, les joues rebondies, une esquisse de contentement dans le sourire, un éclat dans le regard. Comment une telle métamorphose a-t-elle pu s'accomplir ? Les photos sont rangées dans le dossier. Je quitte la pièce. Marchant dans le couloir, un vertige me prend. Je m'assois. Je m'efforce de respirer doucement, de ralentir le rythme de mon cœur. Poussant l'air au fond de mon ventre, je me calme. Sur la photo prise à mon arrivée, je me suis vue agonisante. Oui, c'est ça. J'étais en train de mourir. Déjà un peu morte lorsque j'ai décidé de naître une seconde fois. Ma respiration est paisible, je reste sur ma chaise. Je suis revenue habiter mon corps. On est bien. Mon corps et ma tête. Mes émotions et ma volonté. Mes désirs et ma raison. La Marie mourante et la Marie naissante. Je deviens une. Je m'apprivoise.

Je passe dans le programme secondaire. Je suis désormais une adulte autonome, ne dépendant d'aucune tutelle. Je me suffis. Avec d'autres pensionnaires, nous habitons une maison où nous ne sommes plus surveillées que la nuit. Je découvre que l'abstinence totale à laquelle j'ai été forcée pendant quatre mois de programme primaire m'est devenue une habitude, une facilité. Une libération qui ne cesse de m'étonner. Quelques jours après mon installation ici, j'éprouve cependant une terrible envie de boire. Bizarrement, je lui résiste, jusqu'à ce qu'elle s'estompe. Ce besoin d'alcool m'effraie, j'ai l'impression de m'être trahie et le confie à une thérapeute, qui me demande si j'ai craqué.

— Bien sûr que non, comment aurais-je pu alors que depuis plus de quatre mois je ne suis plus dépendante ?

— Eh bien, tu vois que cela fonctionne. Tu tiens.

Oui, je tiens.

J'observe de nouveau les psychothérapeutes qui nous accompagnent. Tous ces ex-addicts, comme moi, sont devenus des soignants. S'ils l'ont fait, pourrais-je à mon tour y parvenir ? Je les écoute nous dire qu'ils n'ont plus envie de consommer. Ils ne manquent pas d'air tout de même, ne plus avoir envie de consommer sans y être forcé ? Comment font-ils pour vivre sans drogue ? Moi, je n'y arriverai jamais en dehors du centre si je n'ai pas d'alcool ; les petites choses de la vie me seront insupportables. Comment pourrai-je me lever le matin, travailler, gagner de l'argent, sortir, si je n'ai pas la perspective de boire pour le supporter ? Serait-ce possible ? Quelque chose me dit toutefois que ces soignants ne nous mentent pas, qu'ils ont effectivement été des toxicomanes, qu'ils ont accompli ce chemin de renaissance.

Je songe à ces médecins que, par dizaines, j'ai rencontrés en France. Les médicaments dont ils m'ont abrutie jusqu'à ce que mes jambes ne répondent plus, leur silence hautain, leur absence d'empathie, leur science chimique… Ces journées vides, enfermée dans des services de psychiatrie, attendant ma dose de calmants, ne rêvant que de boire, fumer, consommer. Ici, à Western Counseling Services, défiée par l'exigeante méthode Minnesota, stimulée par la proximité avec les soignants, je peux saisir la perche. Et puis, je crois qu'il n'y a qu'ici, loin des miens, loin des fêtes parisiennes, au milieu de ces junkies, que je pouvais accomplir ma mue et oser me métamorphoser.

Avec mes copines colocataires, nous rions beaucoup et je me surprends à noter que je m'amuse sans avoir bu ni fumé. Notre mission consiste à aider les patients du programme primaire. Nous les accueillons à l'aéroport – une nouvelle arrivante, ivre morte, s'est endormie nue sur la cuvette des toilettes et je l'ai réveillée, habillée, couchée en ayant la furieuse impression de revivre mon installation ici –, nous les accompagnons à leur groupe de parole, les surveillons tandis qu'ils font des emplettes en ville ou reçoivent la visite de leurs proches. Je suis fière d'avoir franchi la barrière, une première. Je ne bois plus, je n'ai plus envie de cachets, de drogues, de doses. Cette pensée s'éloigne. Admise dans la dernière phase du programme, la cure tertiaire, je m'installe dans une maison où, enfin, j'occupe une chambre individuelle. Pour la première fois de ma vie, je suis responsable de moi-même ; je fais mes courses, lave mon linge, prépare mes repas, nettoie ma chambre. Pour gagner un peu d'argent, je travaille à mi-temps comme serveuse dans un salon de thé du coin, dont le propriétaire est un Sud-Africain débonnaire. Fière de travailler et de gagner un peu d'argent, je le raconte au téléphone à mon père. Les clients qui m'amusent, les pourboires généreux qui récompensent mon entrain, notre tenue un peu ridicule, les jambes qui fatiguent et ces dizaines d'assiettes de scones aux myrtilles.

En lui peignant ce tableau, je réalise avoir oublié d'où je viens. Mon père est surpris, son ton se raidit. Lui qui ne m'a jamais dit sa peur, alors que je m'inondais les veines de saloperie achetée à prix d'or auprès de dealers armés, s'alarme soudain que je puisse servir dans un « tea house ». Ses mots m'émeuvent. Mon père s'inquiète et ose m'en faire part. Je suis donc une fille normale, à laquelle on peut dire qu'on se fait du souci. Je le rassure. Tout va bien, mon Papa chéri. Tout va bien.

J'ai emménagé dans un studio à Bristol avec Steeve, mon amoureux, un Anglais, en programme tertiaire comme moi. Les thérapeutes me mettent en garde : Steeve est un fragile, ce serait dommage de me laisser entraîner. Je me fiche de leurs sermons. Comme deux paralytiques retrouvant l'usage de leur corps, nous renouons avec le sexe et ses étreintes et je parviens à me persuader que la compagnie de cet ancien dealer, passé par la prison, est sans danger pour ma convalescence balbutiante puisque je suis si forte. Steeve ne cherche pas de travail, il fume en écoutant de la musique et s'impatiente que je veuille occuper mes journées. Depuis peu, il s'emporte quand je rentre fatiguée du restaurant, il dit que je suis devenue ennuyeuse. Carol, une psychologue du centre, me convoque. Elle exige que je quitte Steeve. Je refuse, lui expliquant avec lyrisme ce qu'est l'amour, la passion, ma vie nouvelle. Je la mets au défi de nous comprendre car elle n'a certainement jamais connu de sentiment aussi fort. Carol, peu convaincue par ma démonstration, dodeline de la tête : « Marie, l'addict n'a pas toujours les meilleures idées pour lui-même, je te donne un ordre : Va-t'en, quitte Steeve, tu te mets en danger. » Comme toujours dans ce centre thérapeutique, des injonctions aboyées, des exigences arbitraires, contre lesquelles je voudrais me rebeller. Qui sont ces gens qui s'arrogent le droit de régenter ma vie alors que je suis guérie ? J'opte pour une solution accommodante : j'exige de Steeve qu'il cesse de fumer des joints, faute de quoi je le menace d'une rupture. Fou de rage, il jette mes affaires par la fenêtre, me menace, tambourinant de ses poings contre le mur. Apeurée, j'emballe à la hâte mes vêtements, claque ma valise et m'enfuis. La semaine suivante, je m'inscris à l'université de Bristol, en faculté de psychologie, et choisis une spécialité en addictologie. J'étudie le jour et le soir, je rentre habiter dans ma maison, je suis une étudiante « en programme tertiaire ». Je ressuscite.

Dix-huit mois que je suis avec enthousiasme cette formation, lorsque mes enseignants, contents de mes bons résultats, me proposent un stage au sein d'un centre de cure qui ressemble en tout point à celui que je viens de quitter. Aux côtés d'un psychothérapeute, je m'occupe d'une maison où vivent douze addicts, sevrés depuis quelques semaines. Je les accompagne à leurs ateliers, prends mes repas avec eux, et veille en leur compagnie jusqu'à l'extinction des feux. Un matin, un patient anglais descend de sa chambre vêtu d'un tee-shirt barré de la reprographie d'un revolver. Je l'arrête. Pense-t-il vraiment que ce soit intelligent de se trimbaler avec la photo d'une arme sur son vêtement ? Je le renvoie se changer. Vexé, ce gamin inventera ce qui restera mon surnom : « Scary Mary », Marie qui fait peur. Un qualificatif qui ne me peine pas. Je comprends qu'on m'appelle comme ça. Si je me suis défoncée à l'extrême, je soigne à l'extrême et ça effraie. Même ardeur, même volonté de perfection, même désir d'être aimée. Obéissante et absolue, quoi que je fasse. Scary Mary. C'est vrai que ça me fait peur d'être guérie.

Ce stage achevé, je prends un emploi d'assistante thérapeutique dans un hôpital psychiatrique, proche de Bristol, où j'assure les permanences de nuit. Assise dans la salle de garde, buvant mon thé aux fleurs de cerisier, j'observe la nuit pluvieuse. L'infirmière, dont les chaussons frottent le linoléum du couloir, effectue sa ronde. Je songe qu'il y a peu je dormais moi aussi, abrutie de cachets, dans l'un de ces couloirs d'hôpital, condamnée à un sevrage auquel je répugnais, guettant les pas d'une infirmière. Je regarde les cahiers ouverts sur mon bureau, les flacons de médicaments rangés sur les étagères, je passe la main sur les plis de ma blouse, la rangée de stylos-billes dans ma poche droite, et savoure la chance qui me fut accordée. Si je suis sobre, aucun cas ne saurait être désespéré.

J'ai trente-deux ans, ma rage d'addict ne m'a pas quittée, je la reconnais, agrippée au creux de mon ventre. Seulement, elle a changé de proie. Elle ne dévore aujourd'hui que des polycopiés, des livres, des rapports de stage, elle m'a métamorphosée en étudiante qui réussit ses examens, obtient un premier titre universitaire, un deuxième, un troisième, avide de devenir la meilleure, élève jamais rassasiée de bonnes notes, ni comblée de compliments. Vouée à l'insatisfaction, je m'emplis de connaissances.

Pourquoi ne pas avoir rompu avec ce monde des drogues, dans lequel j'ai tant souffert ? À peine sortie de dix ans d'addiction, me suis-je laissé entraîner ou ai-je choisi ces études ? Pourquoi n'ai-je pas plutôt poursuivi mon apprentissage de la photographie, ce métier qui m'aurait emmenée vers la beauté et la précision ? Je peine à expliquer ce qui ne fut ni une décision, ni le fruit d'une réflexion, mais une évidence ; j'ai prolongé ma route. Parvenue à m'arracher de l'enfer, c'est à mon tour de tendre la main vers ceux restés sur l'autre rive. Je vis dans la dépendance, jugulant la mienne et m'essayant à enrayer celle des autres. Soigner me grise. Je me shoote de patients. Je n'ai pas le choix et c'est heureux.

Huit années universitaires plus tard, l'addict blonde que dix cures, quinze hospitalisations et des dizaines de psychiatres ont échoué à guérir, survit recroquevillée dans la mémoire de la psychologue addictologue, diplômée de la faculté de

Bristol, titulaire d'un master en psychologie de l'addiction de Londres, certifiée par les centres de soins les plus reconnus de la planète. Et c'est ainsi, rassemblée, vigilante, que j'exerce mon métier.

Par l'intermédiaire de ma mère, je fais connaissance d'un addictologue, David de la Palme, qui après avoir exercé dans une clinique de Londres me propose de rejoindre celle qu'il crée à Paris. Alcoolique abstinent, ce thérapeute chevronné veille à ne recruter au sein de son équipe que des anciens addicts, convaincu qu'eux seuls professent une parole crédible. J'accepte sa proposition et, durant deux ans, je partage ma semaine entre l'université de Londres – ultimes examens de spécialisation – et cette clinique, où désormais je suis celle qui soigne, écoute, admoneste, secoue et console. Ce rythme, épuisant ma tête et mon corps, me ravit.

Mes victoires sont immenses et dérisoires. Quand je rentre d'une soirée, où avec mon mari, le père de nos deux garçons, nous avons dansé, ri et veillé jusqu'à ce que l'obscurité s'effiloche, et que, bercée par le ronflement de la baby-sitter blottie sur le canapé du salon, je m'observe dans le miroir – les jambes droites, mon sac à main intact, mon chemisier boutonné, mon maquillage à peine effacé –, je voudrais hurler de fierté, m'applaudir d'être capable de traverser la nuit sans me perdre.

Heureuse Marie, « combattive » depuis plus d'une décennie. Forte Marie, toujours sous contrôle, aux aguets. Je ne bois rien, pas même le jour de mon mariage. Je ne fume rien. Je fais attention aux médicaments que je prends. Je redoute que les dérivés morphiniques ne tirent de leur léthargie mes diables intérieurs. Je suis vulnérable et chaque instant de mon abstinence m'est une prouesse. Marie de Noailles, qui soigne des dépendants venus de France, des États-Unis, du Qatar, de Suisse ou d'Afrique du Sud, Marie de Noailles que consultent des chanteurs, des actrices, des photographes, des créateurs de mode, des architectes, des grands patrons, des traders, des fils de famille, des jeunes filles bien élevées et des gamins sans le sou, cette Marie de Noailles-là se souvient qu'elle fut une Marie abîmée, défoncée. Elle la surveille, elle la connaît. Elle la respecte.

Mes diplômes ne me mettent pas à l'abri d'une rechute. Ce que je m'impose pour rester sobre n'a rien à voir avec un banal contrôle de soi. C'est infiniment plus. Je dois me duper. Mon cerveau demeure marqué par l'addiction, il s'en souvient, il l'attend, il la désire. Si je lui accorde un instant de faiblesse, il s'y engouffrera avec avidité et anéantira mes résolutions. Je dois veiller à épuiser sa frénésie dans d'autres batailles. Aujourd'hui, j'ai trouvé sur le trottoir un billet de cinq euros. Je l'ai attrapé et ai hélé les passants pour savoir s'il leur appartenait, puis, ne trouvant preneur, je l'ai apporté à la boulangerie en priant la vendeuse de le rendre à celui qui viendrait le réclamer. Elle m'a regardée comme si j'étais folle, puis l'a enfoui dans la poche de son jean. J'étais soulagée, car je ne pouvais pas garder cet argent, il fallait que je consacre une heure de mon temps à courir en tous sens pour chercher son propriétaire. En remontant dans ma voiture, j'ai souri, me souvenant des misérables méfaits que je commettais naguère pour trouver des billets de cinq euros. J'ai bouclé ma ceinture…

J'ai appris à guérir les toxicos, les alcooliques, les joueurs compulsifs, les obsédés sexuels, les personnes dépendantes. Ils souffrent du même mal que le mien, le manque, ils sont dévorés par un vide qui les aspire et qu'ils tentent vainement de combler. Je sais où leur douleur suinte, où l'infime espoir doit être débusqué puis attisé, je connais les mots qui les ébranlent. Mon rétablissement est un cadeau, je dois le partager. Je me souviens : une bougie au gardénia brûle sur la cheminée, les stores sont baissés afin de ne pas être dérangée par les piétons frôlant la fenêtre. Christine se présente, ignorant qu'elle est ma première patiente.

Je me suis installée à côté d'elle, nous nous taisons. Elle doit avoir quinze ans et fixe ses chaussures. Sa mère a pris le rendez-vous et je devine dans sa posture épuisée qu'elle n'attend rien qui vaille de notre entrevue à laquelle elle s'est résolue. « Parle-moi, Christine. » Elle lève son visage vers moi, inquiète. Par où commencer ? Son regard plonge vers le sol. Puis un murmure, une litanie monocorde, comme si tout ce qu'elle faisait subir à son corps lui demeurait étranger. Alcool, crack, vomissements, anorexie. Ses mains se tordent. J'approche mon fauteuil. Christine, me dis-je, si tu savais combien tu ressembles à celle que je fus.

Je ne la presse ni ne la bouscule. Je ne lui pose aucune question mue par la curiosité, je la laisse s'approcher. Si elle m'interroge, je lui raconterai. Comme elle, j'ai été une jeune fille, aimée de sa famille. Comme elle, je n'avais pas envie d'arrêter mes drogues, mon entourage m'y a contrainte et rien n'est plus difficile que de renoncer à ce démon tant ces addictions semblent bonnes. Mais le prix à payer est trop élevé. Je lui ferai peur, je lui raconterai qu'un jour viendra où la mort lui paraîtra délivrance. Puis je me tairai, la laissant là, pantelante sur le seuil. J'attendrai avant d'évoquer la vie nouvelle qui l'attend, une seconde vie, radieuse, féconde. Viens, Christine, rejoins-moi sur l'autre rive.

En revenant vivre et travailler à Paris, je prends le risque de croiser nombre de mes anciens complices de défonce. Lorsque nous nous retrouvons, ils peinent à reconnaître en la quadragénaire que je suis, buvant un Perrier citron et tirant sur sa cigarette électronique, celle qu'ils connurent quinze ans auparavant. Quant à moi, je camoufle mon effroi de les revoir si abîmés, le corps rongé par la fête à laquelle ils feignent de s'amuser toujours. Intrigués par ma mine nouvelle, ils me questionnent. « Marie, pas toi ! Trop drôle. As-tu une carte de visite ? » Bien qu'il soit déconseillé pour une psy d'accepter comme patients des connaissances, au prétexte que cette intimité nuirait à la neutralité, je les reçois volontiers. Sur les addicts, les discours raisonnables, menaçants ou techniques ont moins d'effet que la force du témoignage. Cette règle est le secret de ma pratique, tout comme ma personne est ma meilleure publicité. À Bristol, j'ai admiré ces anciens toxicos devenus thérapeutes. Voici qu'à mon tour, je reconnais, dans les yeux de mes camarades de perdition, ce regard circonspect, ce fol espoir qu'ils n'osent accueillir. Si Marie n'est plus là où nous sommes, c'est bien qu'il doit exister un chemin, non ? Oui, il est un chemin, douloureux mais possible. Car nous les addicts sommes doués d'une énergie phénoménale, nous pouvons choisir d'utiliser notre force démente à autre chose que la came. Passer de la dépendance à la sobriété, c'est accepter de transformer une puissance négative en une gigantesque force positive. L'énergie demeure.

Je suis psy comme je fus addict. Totalement, follement. Avec mes patients, je pars à la guerre. Jour et nuit, toute la semaine, l'hiver, l'été, le soir, l'aube. Je me tiens à leurs côtés. Je les félicite, je les console, je leur donne la main. Tous, je les comprends ; celui qui a bu et s'en veut, celle qui se réveille le front éraflé parce que, soûle, elle a chuté, la tête ricochant contre l'évier de sa cuisine, cette autre qui s'est cassé le genou en dévalant un escalier, trop défoncée pour le descendre, et cette autre encore, violée parce que incapable d'exprimer son refus. Et puis, cet homme fier de m'annoncer tôt ce dimanche matin qu'il n'a pas bu une goutte d'alcool la veille alors qu'il s'est bien amusé, et dont le ton surpris dit combien ces deux événements lui paraissent drôlement incompatibles. Leur enfer, j'y étais.

Lorsque mon téléphone vibre à deux, trois, voire quatre heures du matin, je réponds. Mon mari s'agace, il aimerait dormir sans sentir que je me lève pour aller parler, dans la salle de bains, à un patient. Ou à sa mère, à son père, à sa sœur, à son petit copain, à son amoureuse, à sa tante. En hommage à ce que mes parents ont enduré, j'accompagne les familles, ces proches dont l'angoisse et la souffrance sont ignorées par la médecine psychiatrique et dont je sais que l'amour épuisé mérite soutien et consolation. Je ne peux pas ne pas décrocher. Si mes patients me réveillent, c'est qu'ils sont en danger. Je suis incapable de dormir si je les laisse seuls. Je suis leur came.

Quand je convaincs le toxico qui me consulte que tout commence par le sevrage, il m'appartient de lui trouver un endroit adapté. Autant que possible, j'évite les services psychiatriques des grands hôpitaux publics, solutions commodes mais ne proposant guère qu'une abrutissante camisole chimique. Je passe alors des heures au téléphone, jonglant entre les décalages horaires, les contrats de mutuelle, les couvertures d'assurance, pour trouver un lit dans un centre dont je connais personnellement les médecins et dont je sais, anciens malades, qu'ils parlent vrai. Ces lits, je les déniche aux Etats-Unis, les obtiens en Grande-Bretagne, les négocie au Canada, en Suisse, en Espagne, ou en Afrique du Sud. Ce qui induit des coûts très élevés, impossibles à assumer pour certains.

Pierre, photographe de mode à la quarantaine fatiguée, est polydépendant. Il vient chaque vendredi matin à mon cabinet. Deux ans que nous cheminons à pas lents. Cette fois, contrairement à son habitude, il reste debout, le bras appuyé sur la cheminée, son sourire nonchalant accroché aux lèvres. Assise sur le canapé, j'attends qu'il parle le premier. Il me demande s'il peut fumer. Je refuse, en revanche, je lui dis vouloir bien attendre qu'il ait fini de griller une cigarette sur le trottoir. Il bougonne puis s'avance vers l'accoudoir du fauteuil. « Voilà, me dit-il, c'est la fin. Je veux que cela cesse. Je n'en peux plus. » Il me raconte ses vomissements, sa vision troublée, sa libido en berne, les dettes, les dealers, et surtout, sa copine, enceinte de trois mois, qui l'a quitté. Pierre s'inquiète pour l'enfant. Je lui parle de la « méthode Minnesota », celle qui m'a guérie à Bristol, et qui fut inventée, dans les années 1950, par trois centres de traitement de l'alcoolisme situés dans l'État américain éponyme. Pierre écarquille les yeux. Je poursuis. Les « fraternités anonymes » proposent cette pratique, on peut également la suivre dans de nombreux établissements américains ou anglais, mais aussi au château des Ruisseaux dans l'Aisne, ou au centre de psychothérapie d'Osny, ou bien encore auprès de l'association EDVO dans le Val-d'Oise. Elle propose un arsenal thérapeutique complet, intégrant sans cesse de nouveaux traitements, les fruits des recherches les plus pointues en addictologie, mêlant thérapie de groupe et soins individuels, cette méthode ne cesse de se transformer, de progresser, de s'adapter. Balbutiante en France, très pratiquée dans les pays anglo-saxons, la méthode Minnesota donne d'excellents résultats. Moins de rechutes, moins d'abandons, meilleurs taux de réussite, elle fait ses preuves depuis soixante ans. Alors, Pierre ?

Minnesota, je connais bien, c'est la méthode à laquelle je dois d'être assise ici. La dépendance y est définie comme une maladie, non comme un manque de volonté, une faiblesse héréditaire ou le signe d'une dépression. Pour guérir, l'abstinence n'est qu'une étape préalable. Indispensable certes, mais insuffisante. La sobriété ne pourra être consolidée sans une nouvelle dynamique de vie. Le patient, ayant admis qu'il est incapable de contrôler sa consommation, choisit de guérir, il apprend à gérer ses émotions sans drogue. Je marque une pause. Pierre m'annonce qu'il sort fumer. Je le laisse faire. Il revient. J'entends la porte d'entrée claquer. « OK Marie, c'est bien sympa ce truc américain, mais comment ça aide ? Je te rappelle que j'ai fait trois mois de sevrage l'an dernier, tu te souviens ? » Bien sûr que je me le rappelle, comme j'ai en mémoire mes cures ratées, mes rechutes, le désespoir muet de mon père et les ongles rongés de ma mère. Oui, je me souviens combien il est atroce de s'arracher à la drogue. Seulement, je sais aussi qu'il arrive un moment où l'addict n'a pas d'autre choix que mourir ou se laisser emporter vers le rétablissement. Je regarde Pierre et reprends : « Un des nombreux outils du parcours Minnesota consiste en un chemin de douze étapes. Les cinq premières s'accomplissent dans un établissement de soins. Nous allons choisir un centre de cure. » Je ne peux pas lui raconter en détail ce qui l'attend, il partirait en courant. Si j'avais su ce qui me guettait à Bristol, il est certain que je n'y serais pas allée. La guérison doit surprendre, saisir, dérober, elle s'impose, elle brise les résistances, elle transforme.

Pierre se lève, il n'a pas répondu. Il avance vers la cheminée, hésitant. Il n'a aucune envie d'abandonner ses shoots, la nuit, la fête et les poudres. « Pierre ? Tu peux mourir. Tu peux vivre, aussi. » Il part sans se retourner.

Le sevrage accompli, le patient reprend chacune des douze étapes lors de réunions de fraternités anonymes, ces groupes d'anciens alcooliques et d'anciens toxicomanes, qui pâtissent chez nous d'une image ridicule. Je regrette que ces assemblées soient moquées tant je leur dois ma sobriété et celle de nombre de mes patients. Le déroulé de ces séances hebdomadaires, auxquelles je continue d'assister tous les mardis soir depuis plus de dix ans, est immuable. Dans une pièce, le long du mur, une table avec une Thermos de café, une bouilloire de thé et des coupelles de biscuits secs, en son centre un cercle de chaises. Chaque participant prend place en silence et attend que le modérateur passe la parole. Durant une heure trente, les témoignages se succèdent. Combien de fois, en entendant ces inconnus, ai-je eu l'impression qu'ils parlaient en mon nom ? Combien de fois ai-je éprouvé dans ma chair leurs douleurs, leurs peines, leurs joies ? Après mon premier accouchement, j'ai traversé un bref épisode dépressif. Lors d'une soirée de fraternité, j'ai raconté avoir été incapable de résister aux médicaments et que le besoin d'avaler des cachets pour aller mieux m'avait affolée. J'étais très émue de témoigner de ce que je ressentais comme les prémices d'une rechute. Mon monologue achevé, plusieurs personnes ont enchaîné, racontant à leur tour avoir succombé à la tentation. Entendre leurs faiblesses me fut d'un grand secours. Je me suis soudain sentie portée. Nous formons une cordée.

Ce dont je me nourris pour avancer dans la sobriété, je le recommande à mes patients. Lorsque ces derniers ont accompli, dans une structure médicale, une cure de sevrage, je leur recommande de rejoindre dès leur sortie une fraternité, leur expliquant que la fréquence de ces rendez-vous, l'anonymat des participants, l'absence de jugement et la force bienveillante du groupe solidifieront leur abstinence. Ces fraternités aident à l'apprentissage d'une vie sans addiction. Le parcours Minnesota a fait de moi une femme solide, heureuse et capable de soigner. Il m'a redonné le goût et le sens de la vie. Grâce à lui, je suis devenue thérapeute. Grâce à lui, j'accompagne des patients dans leur rétablissement. Pour vaincre la dépendance, cette méthode est la meilleure. Pierre reviendra.

Isabelle souffre de troubles alimentaires sévères. Une addiction complexe à soigner car, contrairement aux autres addictions dans lesquelles il est indispensable de se priver de la substance pour guérir, il est à l'évidence inenvisageable de ne pas continuer de se nourrir, ce qui rend les soins singulièrement difficiles. Cette jeune femme n'a pas les moyens de suivre une cure Minnesota à l'étranger, et je n'ai malheureusement pas réussi à lui trouver une place en France, les quatre centres français qui pratiquent cette méthode ne soignant pas les troubles alimentaires. Aussi avons-nous choisi, dans une coquette banlieue parisienne, cet établissement thérapeutique. L'endroit, coûteux, est fréquenté par de nombreuses vedettes françaises. Isabelle y est installée depuis deux semaines, quand elle me téléphone pour me supplier de la faire sortir. Enfermée dans une chambre, elle se morfond. Aucun atelier, aucune activité, elle n'a ni la télévision ni même accès à une salle de lecture, dans laquelle elle pourrait rencontrer d'autres patients. Même les promenades dans le parc, me dit-elle, lui sont interdites sous prétexte qu'étant également accro au sport, elle pourrait en profiter pour s'étourdir de mouvements. Elle s'ennuie, elle voudrait retrouver sa petite fille, elle me confie ne penser qu'à la nourriture. En l'écoutant, je me souviens que voici quinze ans, j'ai été soignée dans cet établissement. Consignée, comme Isabelle, dans ma chambre. Abrutie par des piqûres quotidiennes de neuroleptiques dans la fesse qui firent de mes jambes des chiffons, je suis restée six semaines assise sur mon lit à contempler par la fenêtre les allées de chênes, attendant que ma mère vienne me chercher. Je promets à Isabelle d'appeler son médecin référent et de tout faire pour qu'on lui propose des activités. J'ai peu d'espoir. Et beaucoup de colère.

En France, seuls prévalent le diplôme d'État et la connaissance livresque des mécanismes de la toxicomanie. Depuis que ces institutions, voici vingt, quinze, dix ans, ont échoué à me guérir, rien n'a changé. Ou si peu. Pourtant, les méthodes existent. Je les connais, je les ai étudiées, je les pratique. En quoi sont-elles plus efficaces ? La première différence concerne la médication. Avaler des cachets aide à atténuer l'effet de manque, toutefois ces médicaments ne sauraient se substituer à un traitement qui permette d'affronter les péripéties de l'existence sans replonger. Si je suis aujourd'hui capable de traverser une épreuve sans recourir à un verre d'alcool, à une cigarette ou à un anxiolytique, c'est parce que j'ai appris à organiser mes émotions, je sais les tempérer autrement, les diriger avec ma tête et mon souffle sans me laisser aspirer par elles. Cette introspection est insuffisamment pratiquée dans la médecine française. La seconde différence réside dans la formation des soignants. Dans la clinique anglo-saxonne, les propriétaires d'établissements de soins, les directeurs de centres de cure, les médecins, les psychologues, les thérapeutes sont le plus souvent d'anciens dépendants, d'anciens alcooliques, d'anciens cocaïnomanes, héroïnomanes ou consommateurs de crack. Leur connaissance intime de la dépendance métamorphose leur lien avec le patient.

Lorsque j'étudiais la psychologie à l'hôpital parisien Sainte-Anne, à aucun de mes camarades, je n'ai dit avoir été addict. Un après-midi, tandis que nous étions en cours, une alarme incendie nous a rassemblés à l'extérieur du pavillon. Nous nous tenions là, notre cahier sous le bras, attendant que l'alerte soit levée. J'ai parcouru les alentours du regard et j'ai tout reconnu : les fenêtres de la chambre où j'étais enfermée, les bancs sur lesquels je m'étais affalée en pleurant, les couloirs dans lesquels j'avais guetté la visite de mes parents. De ce carambolage intérieur, je n'ai rien osé confier aux autres étudiants. Ils n'auraient pas compris.

Dans mon cabinet de « psychologue spécialisée dans les conduites addictives », je connais des succès. Des échecs aussi, rageants. Luz, une jeune actrice américaine d'origine espagnole, totalement accro aux médicaments, à l'alcool et à la cocaïne, a renoncé à ses engagements professionnels en Californie pour que je la suive en thérapie, et loué un appartement hors de prix dans Paris. Luz se fiche des rendez-vous que je lui donne. À toutes les heures du jour et de la nuit, elle me téléphone en sanglotant. Quand ce n'est pas elle qui me sollicite, c'est sa mère, ou son petit copain, resté aux États-Unis et persuadé qu'elle le trompe. Luz pleure pour que je l'accompagne faire ses courses, Luz trépigne pour que je vienne la retrouver chez son coiffeur, Luz rit pour que j'aille la chercher à l'aéroport. Elle rentre de Miami, ce serait commode si je venais, nous pourrions parler tranquillement dans la voiture. Ses appels sont incessants, sans le moindre égard pour mon emploi du temps. Luz m'exige. Je m'efforce de contenir notre relation, de ne pas me laisser engloutir par cette toxico carnivore. Luz, tu prendras un taxi. Luz, je t'attendrai comme convenu vendredi à 9 h 30. Non, Luz, je ne viendrai pas à Roissy.

Ces malades ne sont pas des patients ordinaires, ils sont dévorés par leur besoin frénétique de consommer leurs drogues et, dans leur esprit, je deviens une forme d'addiction. Bénéfique certes, mais tout aussi nécessaire à leur survie que les produits dont ils tentent de se priver. Aux États-Unis, on nomme « concierge doctors » ces médecins dont il est possible de s'attacher l'exclusivité des services vingt-quatre heures sur vingt-quatre. Mes patients les plus fortunés ont aisément tendance à me considérer comme leur « concierge doctor » en addictologie. À mes débuts, j'ai tenté l'expérience en acceptant de soigner une jeune princesse du Proche-Orient. Sa mère, qui commençait toutes ses phrases en me signifiant qu'elle était titulaire d'un doctorat obtenu dans une université américaine, m'avait convaincue de m'installer, un mois durant, dans leur palais. Je n'y perdrais rien en chiffre d'affaires et les quelques patients dont je devrais annuler les rendez-vous à Paris seraient largement compensés par les honoraires somptueux qu'elle me verserait. En liquide et en dollars, avait-elle précisé. Sa fille souffrait d'une sévère boulimie et j'étais priée de me tenir constamment à ses côtés, ce qui consistait à trotter en sa compagnie durant d'interminables séances de shopping. Très vite, j'ai compris que cette richissime famille pensait que la magie de ma présence agirait sur l'addiction à la nourriture de leur fille. J'ai tenu deux semaines. Je suis plus prudente désormais quand je me rends au domicile de mes patients, mais demeure toujours disponible pour eux, comme pour leur entourage. Des proches qui importent, car ils peuvent faire échouer – ou advenir – la guérison.

Quelque temps plus tard, j'ai été contactée par une mère de famille qatarie, me priant de prendre en thérapie son fils, addict à la coke et aux médicaments. Après trois mois de consultations bihebdomadaires, je lui conseille une cure Minnesota dans un établissement aux États-Unis, avec lequel je travaille étroitement. La mère, présente à cet entretien, approuve cette idée, mais précise qu'elle aurait besoin des coordonnées de ce centre californien afin de pouvoir entièrement le privatiser. Je devais bien comprendre, me dit-elle en boutonnant son manteau de vison, qu'il n'était pas concevable que son fils aîné soit importuné par des patients. Je lui réponds que ce serait impossible et lui raconte l'histoire de Betty Ford, l'épouse du président des Etats-Unis, Gerald Ford. Souffrant d'alcoolisme, elle décida de se faire soigner dans une clinique de Palm Springs, une ville en plein désert et à une heure de route de Los Angeles. Branle-bas de combat dans le centre hospitalier apprenant l'arrivée de la première dame du pays. La direction décida de lui allouer une aile et de lui préparer une chambre individuelle, alors que toutes étaient doubles. Une semaine plus tard, Betty Ford se présenta et, conduite vers l'aile aménagée à son intention, exigea sur-le-champ de ne bénéficier d'aucune mesure dérogatoire. La première dame des États-Unis a guéri de son alcoolisme et consacré ses trente années d'abstinence au développement du centre de Palm Springs, dont elle fit un établissement de soins réputé. J'ai été soignée au Betty Ford Center. J'y ai fait de la gym dans la salle offerte, après qu'elle y ait séjourné, par Elizabeth Taylor, emprunté des romans dans la bibliothèque léguée par la famille Hilton, j'y ai croisé des acteurs d'Hollywood, une immense star du rock, quelques politiciens fameux, des enfants de magnats du pétrole, tout comme des patients qui ne pouvant payer sont pris en charge par l'association ; tous participaient aux ateliers de groupe avec humilité et bonne volonté. Avec une telle enfilade de noms célèbres, j'étais certaine d'avoir convaincu la richissime mère de mon patient du bien-fondé de son hospitalisation. Elle a claqué la fermeture de son sac à main, intimé à son fils l'ordre de la suivre. Je ne les ai plus jamais revus.

Car mes patients me mentent. Quand je le découvre, je ne m'énerve pas, j'ai tellement menti. Je leur explique qu'ils doivent apprendre à être sincères, avec eux-mêmes tout autant qu'avec moi. Cela fonctionne. Rarement la première fois. Depuis de longs mois, je reçois en thérapie un homme de cinquante-quatre ans, alcoolique, atteint d'une pancréatite aiguë. Nous avançons vers un sevrage, et je lui ai trouvé, en Afrique du Sud, un centre de postcure réputé et cher. Ses médecins m'appellent, ils ont découvert que ce monsieur souffre également d'une addiction à la méthadone, ce dont jamais il ne m'a parlé. Une polydépendance, qui change radicalement le protocole de sevrage. En nous la cachant, il a pris d'énormes risques pour sa santé et fortement obéré ses chances de parvenir à se sevrer de l'alcool. Pour quelqu'un qui ne connaît pas la psyché d'un addict, ce mensonge est incompréhensible. En effet, pourquoi ne pas tout dire lorsqu'on se décide à consulter, pourquoi – lorsqu'on dépense des dizaines de milliers d'euros dans une clinique au bout de l'hémisphère Sud – mentir ? Parce que un addict veut par-dessus tout continuer de consommer ce qui le consume. Protéger son addiction coûte que coûte.

Iris parle très vite. À sa voix, j'entends qu'elle a bu. Je l'écoute me raconter que l'hôpital est horrible, qu'elle n'y retournera pas, qu'elle s'en sortira, et surtout, surtout, que ce n'est pas la peine que je m'inquiète, qu'elle y arrivera très bien toute seule, qu'elle n'a pas besoin d'être soignée, que ces médecins n'y connaissent rien. Je guette une pause. Au bruit des voitures, j'entends qu'elle marche dans la rue. « Iris, passe à mon cabinet. On y sera mieux toutes les deux pour parler, tu ne crois pas ? Je t'attends. » Sa respiration ralentit, j'ose espérer qu'elle se concentre pour mieux m'écouter. « Iris, je comprends très bien que tu ne veuilles pas revenir dans ce service hospitalier, nous trouverons une autre solution. Viens me voir. » Elle raccroche.

Iris s'est enfuie de l'hôpital. Des infirmiers l'ont conduite vers un bâtiment éloigné, aussi a-t-elle pu échanger son pyjama contre ses vêtements de ville. Elle les a suivis en feignant d'être docile, puis elle a dû prétexter vouloir passer aux toilettes pour se faufiler dans un couloir et là, marcher vite, de plus en plus vite tout en prenant soin de ne pas éveiller l'attention. Une porte, une deuxième, la dernière… Sur le seuil de l'hôpital, elle réalise qu'elle n'a pas un sou, pas de ticket de métro, ni de carte de crédit, juste dans la poche arrière de son jean un téléphone rechargé à plein. Sans vraiment l'avoir décidé, elle se rapproche du domicile de sa mère. Elle n'ose pas sonner. Dans une supérette, elle vole une bouteille de vodka puis, assise sur un banc, la boit au goulot et, très vite, elle se sent mieux. Elle compose mon numéro. Elle a besoin de me dire qu'elle est en fuite, besoin que j'entende qu'elle est vivante. Si elle tient à me rassurer, c'est que notre lien lui importe. Quand on soigne les toxicomanes, on apprend à tenir compte de tout petits signes positifs et à s'en réjouir. Ils sont si rares. Mon téléphone sonne. La mère d'Iris. L'hôpital l'a prévenue. Elle ne comprend pas pourquoi Iris s'est enfuie, alors que les médecins venaient de lui annoncer que si elle parvenait à demeurer abstinente quinze jours, elle serait transférée dans un centre spécialisé en addictologie. « Quinze jours, répète-t-elle, ce n'est tout de même pas le Pérou que de tenir quinze jours. » Je comprends sa déception, sa colère, mais j'entends surtout qu'elle n'a aucune idée de ce que sa fille endure.

Dans les services hospitaliers en psychiatrie, toutes les substances illicites circulent, il est plus commode de trouver du hasch ou des cachets dans les couloirs d'un hôpital que dans les rues de Paris. Les patients ont des permissions, durant lesquelles ils s'approvisionnent auprès de leur dealer habituel, et dès qu'ils reviennent à l'hôpital, ils trafiquent. Clientèle captive, pas de concurrence, tarifs avantageux, aucun risque de prendre un coup ou de se faire arrêter par la police. Comment Iris aurait-elle pu résister ? Je ne dis pas tout ça à sa pauvre mère, en revanche je lui explique que l'addiction est plus forte, que la dépendance balaie les résolutions. Les drogues ont pris possession du corps, de l'esprit, de la raison de sa fille, la splendide Iris. Je l'entends qui soupire. Oui, Iris était belle. Avant la came, avant les excès. Aujourd'hui, son corps osseux trébuche, ses mains tremblent. « Ce n'est pas qu'Iris ne veuille pas se sortir de sa toxicomanie mais c'est qu'elle ne peut pas, pas comme ça », lui dis-je. Ses médecins lui ont fait une proposition intenable. S'ils connaissaient vraiment les mécanismes de la dépendance, ils comprendraient. On ne négocie pas quinze jours de répit avec le Diable. Je lui dis que j'attends sa fille, que je trouverai des solutions, que j'organiserai une place dans un centre de soins adapté. Notre conversation s'achève, je conclus en lui répétant que je garde mon téléphone allumé jour et nuit, puis je consulte ma messagerie, Iris ne m'a pas rappelée. Ni laissé de texto.

J'ai voué ma seconde vie à la guérison. Si je suis parvenue à dompter ma dépendance, cette rage noire, si j'ai réussi, sans le désirer, à triompher de cette attraction, alors aucun malade d'addiction ne doit perdre espoir. C'est pour eux que j'ai écrit ce livre. Pour dire à ceux qui cherchent de l'aide comme à ceux qui la refusent, à ceux qui m'ont aimée et à ceux qui ont cru en moi, à ceux que j'ai blessés comme à ceux qui m'ont forcée à guérir, qu'une résurrection est possible. Et qu'elle vaut la peine. Forte est la vie quand rien ne s'oppose à ce qu'elle blesse et console, à ce qu'elle comble et ôte, à ce qu'elle égratigne et caresse. Quand elle est vécue sans le mortel subterfuge des drogues.

« S'en aller pensant ou rêvant,
Mais que le cœur donne sa sève
Et que l'âme chante et se lève
Comme une vague dans le vent.

Que le cœur s'éclaire ou se voile,
Qu'il soit sombre ou vif tour à tour,
Mais que son ombre et que son jour
Aient le soleil ou les étoiles[1]*...* »

Que Bon-Papa me pardonne, ce poème, je l'ai recopié dans un recueil d'Anna de Noailles. Ma grand-tante qui sut tout dire mieux que moi.

Que ma mère, partie avant que je n'écrive ce récit, mais qui connut la joie d'accompagner ma renaissance puisse entendre combien je lui dois de n'avoir jamais rendu les armes et d'avoir su toujours combattre à mes côtés.

Que mon père sache que je lui suis reconnaissante d'avoir tant donné pour que je guérisse.

Que Julie et Emmanuel soient remerciés d'avoir attendu mon retour parmi les vivants.

Que mon mari lise ici ma joie. J'aime notre vie, celle dont nous connaissons le prix inestimable et la fragilité.

À mes deux garçons, qui un jour apprendront par ces pages l'histoire de leur mère. C'est pour vous que je demeure debout. Pour vous que je

1. « L'ardeur » in *Le Cœur innombrable, op. cit.*

suis heureuse d'avoir triomphé de mes faiblesses. Je prie pour que vous me les pardonniez et sachiez vous contenter du monde tel qu'il est.

À tous les Noailles, dont je suis fière de porter le nom. Celui de tous les miens et de ces femmes qui ont choisi d'affronter la vie. Bravement.

Cet ouvrage a été imprimé par
CPI Bussière
pour le compte des Éditions Grasset
en septembre 2016

Composition réalisée par Belle Page

Première édition, dépôt légal : septembre 2016
Nouveau tirage, dépôt légal : septembre 2016
N° d'édition : 19602 – N° d'impression : 2025725
Imprimé en France